大展好書　好書大展
品嘗好書　冠群可期

大展好書　好書大展

品嘗好書　冠群可期

輕鬆學武術 13

三十二式太極劍
分解教學

（附 DVD）

合肥市武術協會　主編

熊人澤　張薇薇　編寫

張薇薇　演練

大展出版社有限公司

出版說明

　　三十二式太極劍是原國家體育運動委員會運動司於1957年創編的一種太極劍教材。它取材於楊式太極劍,從中擇取有代表性的三十二個動作,往返兩個來回。這套劍術曾由有關出版社出版,由於內容簡練,路線清楚,劍法準確,易學易記,深受廣大太極劍愛好者歡迎。

　　三十二式太極劍伴隨著二十四式太極拳等武術套路,以及1988年起國家武術院組織力量編寫的七種太極拳、劍競賽套路的推廣,對武術競賽的普及和提高起了積極的促進作用。合肥市武術協會在開展群眾性健身活動中做出了卓著的成績,教練員們在市民群眾中言傳身教,勇於探索,積累了豐富的經驗,在分解教學中方法上有所發展。

　　與此同時,現代電子製版技術應用於圖書印刷工藝,為改進武術教材的圖片水平和合理版式提供了改革創新的有利條件。這就使我們萌生了組織編寫出版這套新型的武術教材的思路。

　　《三十二式太極劍分解教學》的編寫,主要遵照國家體委原編教材,參考李德印、呂韶鈞、彭芳等老師的著作,結合太極武功的功理和我們在群眾性教學實踐中的經驗編寫的。對每個定式動作進行了精當的分解,每個分解動作都配有準確而清晰的照片以及步法方位平面圖;所有說明文字都按運動過程、動作要點、注意事項、呼吸和攻防含義的順序

逐條分述。

　　各分解動作的照片均以演練人起勢向正南面時，從正南側拍攝，必要時增加攝自北側的照片爲輔，務使讀者易學易記，一目了然。

　　希望本書在當前推動群衆性武術健身活動的開展中能發揮應有的作用。

安徽科學技術出版社

編寫人簡介

熊人澤，男，1929年出生於安徽合肥。曾任安徽省財政廳辦公室副主任。安徽省武術協會委員，合肥市武術協會常委、辦公室主任，爲武術六段。

上世紀70年代末，因身患重病，開始學練太極拳，由於練拳受益匪淺，與太極拳結下了不解之緣。於1980年拜師張自山，並且多年來一直堅持參加合肥市武術協會舉辦的每週日教練員集訓，受到了徐淑貞、張自山等老師的長期培育。1990年還參加過名師門惠豐、闞桂香執教的太極拳提高班學習。先後多次參加市、省和全國的太極拳比賽，獲市級賽第二名兩次，第一名3次；省級賽第一、第二名各1次及團體第一名兩次。1997年參加全國中老年太極拳比賽，獲集體二十四式太極拳第2名，個人孫式太極拳優勝獎。熱心於太極拳的傳授普及工作。1985年起開始獨立教學，1992年起在市武協的一個輔導站教學至今。傳授人數逾千，培養了一大批武術愛好者，學員中有多人在市級和省級太極拳比賽中屢屢獲得了好成績。

演練人簡介

　　張薇薇，女，出生於1957年，漢族。自幼隨父張品元、母徐淑貞習武。少年時代曾多次參加武術表演比賽，1996年在安徽省太極拳劍錦標賽獲女子乙組42式太極劍第一名、42式太極拳第一名。2001年3月在首屆世界太極拳健康大賽獲24式太極拳一等獎、孫氏太極拳二等獎；1999年被合肥市人民政府授予群眾體育先進個人稱號；1998年在安徽省太極拳、木蘭劍（扇）錦標賽擔任裁判工作；1999年在安徽省太極拳（劍）錦標賽擔任裁判工作；2001年在安徽省太極拳、劍及木蘭系列比賽中擔任裁判工作；2002年在廬山舉辦全國武術木蘭比賽中擔任裁判工作；2003年在安徽省太極拳、劍及木蘭系列比賽中擔任裁判工作；2004年在合肥市第八屆運動會武術比賽中擔任裁判工作；2004年在安徽省第一屆體育大會暨全省太極拳（劍）木蘭系列比賽中擔任副裁判長；2005年在安徽省太極拳、劍及木蘭系列比賽中擔任副裁判長；2005年在安徽省首屆傳統武術比賽中擔任裁判工作；2005年5月作為安徽省領隊帶隊參加全國武術太極錦標賽並取得優異成績；2006年在合肥市舉辦的安徽省太極拳、劍及木蘭系列比賽中擔任仲裁委員會副主任；2007～2008連續兩年在安徽省舉辦的太極拳、劍及木蘭系列比賽中擔任裁判長；2007年在江蘇太倉、2008年在浙江德清舉辦的全國木蘭系列比賽

中擔任裁判工作；2007～2008連續兩年在合肥市舉辦的傳統武術比賽中擔任總裁判長；2008年在合肥市第九屆運動會武術比賽中擔任總裁判長；2006～2008年作爲合肥市武術段位評審委員會成員參加段位評審工作；2006～2008年連續三年在香港國際武術比賽中擔任裁判工作；2007年被評爲武術七段稱號。

1986年擔任合肥市武術協會領導工作，多次組織協調合肥市及安徽省運動會開幕式大型武術表演。2006年武術協會改選，再次當選合肥市武協副主席、兼副秘書長主持日常工作，參與合肥市武術協會主編多部武術專著的編寫工作及演練動作照片拍攝。並擔任合肥市英傑文武學校常務副校長。

前　言

　　中華武術歷史悠久，源遠流長，博大精深，浩如煙海。在數千年中華民族的文明史中，中華武術在增強國民體質、防身健體、振奮民族精神方面起著重要作用，是我國寶貴的民族文化遺產。

　　太極拳是以太極原理立論的武術主要拳種之一。最早傳習於河南溫縣陳家溝陳王廷。他綜合各家拳術之長，以戚繼光《拳經》爲基礎，博取古代導引、吐納術，以意行氣、以氣健身的方法，同時還採納了古代陰陽學說和中醫經絡學說，使拳理與哲學、醫學相結合，進一步創新和發展了太極拳運動。太極拳在長期流傳中，逐步形成陳式、楊式、吳式、武式、孫式各流派。各流派的太極拳雖然風格各異，但基本要領均相同，都要求：靜心用意，氣沉丹田，呼吸自然，中正安舒，柔和緩慢，連貫協調，虛實分明，輕靈沉著，剛柔相濟，圓活穩健，動作處處走弧線，以腹式呼吸爲主。在技法上主張避實就虛，以逸待勢，以靜制動，常常是借力打力，後發先至，有「四兩撥千斤」之奧妙。

　　中華人民共和國成立以後，黨和政府十分重視武術運動的發展，自1953年起組織力量相繼編寫了二十四式太極拳、四十八式太極拳、八十八式太極拳和三十二式太極劍等套路；1988年起，爲了適應國內外武術競賽的需要，國家體委武術研究院組織力量編寫了四十二式《太極拳競賽套

路》、四十二式《太極劍競賽套路》，以及分別具各派風格的陳、楊、吳、孫四式的太極拳競賽套路，使太極拳運動的發展更加規範化、系統化和科學化。

隨著武術運動的普及和發展，太極拳越來越受到人們的青睞。它不僅能夠鍛鍊身體，增強體質；同時能陶冶性情，培養堅忍頑強、勇敢奮進的意志；還可以豐富群眾的文化生活，給人以美的享受。

合肥市武術協會成立於1979年，經過20多年的發展壯大，已成爲安徽省先進的武術協會之一，多次受到省體委的表彰。下屬的武術輔導站已從初期的幾個發展到50多個，參加活動的人數已由初期的數百人發展到現在的近萬人。在普及太極拳的教學與輔導過程中，我們培養出一大批德、技兼備的優秀輔導員、教練員、運動員，在國際、國內和全省太極拳比賽中屢有令人矚目的成績，並且爲合肥市人民健身活動作出了貢獻。

爲了全面總結我們在太極拳（劍）教學中積累的成功經驗和有效的教學方法，以便更加規範我們的教學內容，進一步提高教練員水準，並給廣大太極拳愛好者提供在課外復習和自修的翔實而有針對性的輔導材料，我們下決心編好這套既準確實用又易學易記的武術教材。

這套教材在嚴格遵照國家體委中國武術研究院編寫的各式太極拳（劍）套路規定要求的前提下，充分吸收我們在群眾性教學中，對各定式的最明確的分解和最有效的教學方法，將解說內容分項逐條解說清楚。

爲了給讀者提供最真實生動的形體變化示範，我們組織在這些套路的全國性比賽中的優勝者擔任演練員，爲每一分

解動作配置了生動的照片；並運用現代電腦製版技術將照片與表示動作運行方向的弧線結合起來。考慮到下盤的準確移動是全身運轉正確、分清虛實的根基，很多分解動作還配置了兩足位置和移動變換方向的示意圖，爲讀者自行琢磨、糾偏提供了指導。

爲了確保這套叢書的編寫品質，合肥市武協組織富有武術理論和教學經驗，並有較好文字表達能力的教練員組成本叢書的編審委員會。編審委員會成員有：徐淑貞（主編）、吳兆祥、吳丹江（副主編）及張自山、張家本、熊人澤、王信和、徐少農、常青共9人。由編審委員會確定各分冊的編寫人、演練人，並集體審定文稿和圖片。

限於水準，書中難免有疏漏之處，尚望武術同道和廣大讀者不吝指教，以便今後修訂完善。

　　　　　　　　　合肥市武術協會

本書圖例

〔步法方位示意圖〕

左足著地

右足著地

左足前掌著地（虛步）

右足前掌著地（虛步）

足跟著地

提腿懸足

丁步，足尖著地，尖頭表示足尖方向

收腳而不著地，尖頭表示足尖方向

示擺腳、扣腳或蹍腳

〔照片〕

------➤　示左足或左手移動路線

——➤　示右足或右手移動路線

目　錄

劍的各部位名稱

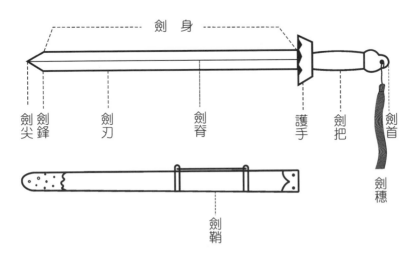

劍身　指護手到劍鋒的全長。

劍尖　又叫劍鋒，即劍前端尖銳部位。

劍刃　指劍身兩側鋒利邊緣，其中上 1/3 部分的劍刃為上刃，中 1/3 為中刃，下 1/3 為下刃。

劍把　指護手後部手握之處，又稱劍柄。

劍首　指劍把的後端，又叫劍鐓。

劍脊　指劍身中間凸起的直線。

護手　劍身和劍把中間部位，攻防中用以護手，又叫劍格。

劍鞘　裝劍的外殼。

劍穗　是劍的裝飾品。

太極劍的特點

　　太極劍，屬於太極拳器械套路之一，歷史悠久，流傳較廣，有一定的群眾基礎。太極劍劍式比較開闊舒展，姿勢大方美觀。

　　它主要的特點之一，是柔和纏綿，端莊穩健，在動作上沒有明顯的忽快忽慢現象或快速的斬刺，每一式都要自然用力，不拘不僵，不用拙力。

　　特點之二，是動作虛實變化，過渡轉換都要求緊密銜接，動靜相間，沒有明顯的間歇狀態。在演練中式式聯結，節節貫串，上下相隨，前後連貫。

　　特點之三，是劍法清楚，動作整潔，姿勢開闊，大方美觀。在演練中不論劍法的前後變化，開合屈伸，講究似斷勁不斷，若停意不停，內外相顧，攻防相兼，纏綿協調，氣勢飽滿。

　　習練太極劍對人體有調節呼吸、促進血液循環、強健筋骨等一系列強身保健作用。

　　三十二式太極劍既保留了傳統太極劍的風貌，又刪繁就簡，突破因有程序。內容包括十三種劍法、七種步型、十餘種步法和身法的轉換。十三種劍法是：點、刺、掃、帶、劈、抽、撩、攔、掛、截、托、擊、抹；七種步型是：弓步、虛步、仆步、獨立步、併步、丁步和側弓步；步法有：進、退、上、撤、跟、跳、插、並、擺、扣、蹍等；身法有：轉、旋、縮、反等轉換。

練習時對身體各部位、精神意念和劍法的要求

一、對身體各部位的要求

頭部，頭頸要自然豎直，不可有前俯後仰、左傾右歪的現象；下頦微收，舌舔上顎，口自然合閉，面部表情要自然；頭部的轉動方向應隨全身動作轉換，與軀幹的旋轉方向協調一致。

身軀要端正安舒，不要左右搖擺、挺胸佝胸；應做到袒胸舒背；尾閭鬆垂，避免臀部外凸；肩要鬆沉，臂要自然開合；動作轉換一定要以腰為軸心，各部位密切配合，保證動作的圓活，避免僵硬。

下肢是上肢動作的基礎，它關係著周身的穩定和姿勢的正確性。腿部動作首先是胯關節和膝關節都要放鬆，兩腿間重心的移動應注意虛實分明，虛腿也要有支撐作用。力求達到虛實相濟，相輔相成，切忌腿底輕飄無根，造成站立不穩。腿的移動要輕起輕落，先虛後實，才能體現輕靈沉穩。

二、對精神意念的要求

練習時精神要集中，要排除雜念，情緒飽滿，神態自然，把精力集中到細小動作中去。眼神隨動作的變化而轉

換視線。要以意識引導動作，意領神隨，神到劍至，動作自然輕靈。

三、劍法的要求

劍法的構成，一招一式都不是平淡的直來直去，而是通過不同弧線的迂迴運行過程、反覆環繞，才完成一個劍法的姿勢動作。

所以說，學習動作不可草率馬虎或雜亂無章，一定要細心琢磨，迂迴環繞線路在技術上的來龍去脈，它包含著聲東擊西、避實就虛、先化後發、順勢制敵等戰術意識，是防中寓攻、攻防兼備的戰略體現。

對於運動路線和劍術的基本要求一定要確切掌握，不可含糊不清。對於力點更要切合實際，要掌握分寸。各式的造型形象要逼真。要做到劍勢分明，不可盲目亂畫。只有這樣長期練習，才可達到精益求精，盡劍技之長。

太極劍基本動作要求

一、手　型

劍　指

中指與食指伸直併攏，其餘三指屈於手心，拇指壓在無名指第一指節上。

掌

五指微屈分開，掌心微含，虎口成弧形，手指不可僵直，也不可過於彎曲。

劍　指 　　　　　　　　　　　　　　　　　掌

二、步　型

弓　步

前腿全腳著地，腳尖朝前，屈膝前弓，膝部不得超過腳尖，後腿自然伸直，腳尖斜向前方，全腳著地，兩腳橫向距離10～30公分。

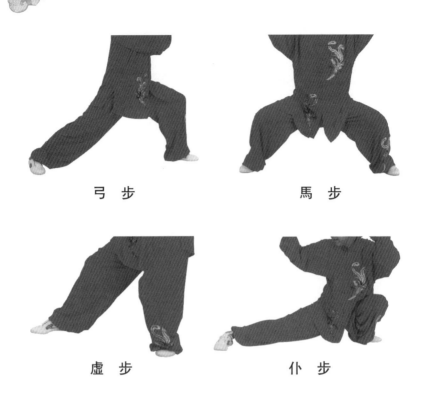

弓 步　　　　　　馬 步

虛 步　　　　　　仆 步

馬 步

　　兩腳左右開立，約為腳長的三倍；腳尖正對前方，屈膝半蹲。

虛 步

　　一腿屈膝下蹲，全腳著地，腳尖斜向前，約45°；另一腿微屈，以腳前掌或腳跟點於身前。

仆 步

　　一腿屈膝全蹲，膝與腳尖稍外展；另一腿自然伸直，平鋪接近地面，腳尖內扣，兩腳著地。

歇 步

　　兩腿交叉屈膝半蹲，前腳尖外展，全腳著地；後腳尖

歇　步　　　　　丁　步　　　　平行步

朝前，膝部附於前腿外側，腳跟離地，
臀部接近腳跟。

丁　步

一腿屈膝半蹲，全腳著地；另一腳
屈膝，以腳前掌或腳尖點於支撐腿內
側。

平行步

兩腳分開，腳尖朝前，屈膝下蹲，
兩腳外緣同肩寬。

獨立步

獨立步

一腿自然直立，支撐站穩；
另一腿在體前或體側屈膝提起，
高於腰部，小腿自然下垂。

三、步　法

上　步

後腳向前上一步，或前腳向
前上半步，腳跟著地。

上　步

退 步

前腳後退一步，腳掌著地。

撤 步

前腳或後腳退半步，腳掌著地。

蓋 步

一腳經支撐腳前腳尖外擺落步。

跳 步

前腳蹬地跳起，後腳前擺落地。

退 步　　　　　撤 步　　　　　蓋 步

跳 步（一）

跳 步（二）

擺　步

上步落地時腳尖外擺，與後腳成八字形。

扣　步

上步落地時腳尖內扣，與後腳成八字形。

跟　步

後腳向前跟進半步，腳掌著地。

蹍　步

以腳跟或腳掌為軸，腳尖或腳跟外展和內扣等。

擺　步

扣　步

跟　步

蹍　步

提 步

後腳向前收步，提至左、右腳踝內側，腳尖微離地。

叉 步

一腳經支撐腳後橫落步，腳掌著地，腳跟提起；或一腳向前擺步，另一腳腳跟離地。

提 步　　　　　　　　叉 步

四、腿 法

蹬 腳

支撐腿微屈站穩；另一腿屈膝提起，勾腳，以腳跟為力點慢慢蹬出，腿自然伸直，腳高過腰部。

蹬 腳

分 腳

支撐腿微屈，另一腿屈膝提起。然後小腿上擺，腿自然伸直，腳面展平，高過腰部。

分　腳

擺　腳

擺　腿

支撐腿微屈站穩；另一腿由所在側向對側經胸前呈扇形向外擺動，腳面展平，不得低於肩。

震　腳

支撐腿微屈，另一腿提起，向支撐腳內側下落，全腳掌向地面踏震，隨即支撐腳提起再出步，勁需鬆沉。

後舉腿

支撐腿微屈站穩，另一腿在身後向異側方屈舉，腳面自然展平，腳掌朝上；上體稍側傾，並向舉腿方向擰腰。

震　腳

後舉腿

五、劍　法

點　劍

立劍，提腕，使劍尖由上向前下點擊，臂自然伸直，力達劍尖下峰。

削　劍

平劍，自對側下方經胸前向同側前上方斜出，手心斜向上，劍尖略高於頭。

點　劍　　　　　　　　削　劍

劈　劍

立劍，自上向下為劈，力達劍身。掄劈劍則須將劍掄一立圓，然後向前下劈。

崩　劍

立劍，沉腕，使劍尖向上，發力於腕，力達劍峰。

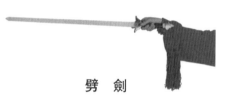

劈　劍　　　　　　　　崩　劍

刺　劍

立劍或平劍，向前直出為刺，力點達劍尖，臂與劍成一直線。平刺劍，高與肩平；上刺劍，劍尖高與頭平；下刺劍，劍尖高與膝平。探刺劍，臂內旋使手心朝外，經肩上側向前上方或下方立劍刺出。

刺　劍

下刺劍

撩　劍

立劍，由下向前上方提劍為撩劍，力達劍身前部。正撩劍，前臂外旋，手心朝上，貼身弧形撩出。反撩劍，前臂內旋，其餘同正撩劍。

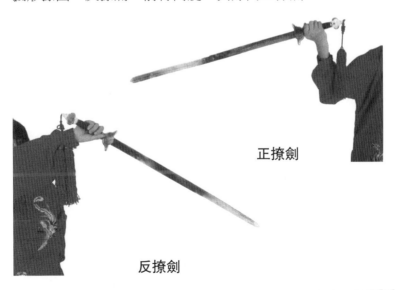

正撩劍

反撩劍

攔 劍

左攔劍，立劍，臂內旋，由左下向右前方斜出，腕與頭平，劍尖朝左前下，力達劍刃。右攔劍，立劍，臂外旋，由下向左前方斜出，劍尖朝右前下，其餘同左攔劍。

右攔劍

掛 劍

立劍，劍尖由前向下，向同側或另一側後方貼身掛出，力達劍身前部。

掛 劍

托 劍

立劍，劍身平置，由下向上為托，腕與頭平，力達劍身中部。

托　劍

絞　劍

　　自胸前逆時針向前畫弧一周，再收於胸前。手心朝上，劍尖朝前，力達劍身前部。

絞　劍

壓　劍

　　平劍，手心朝下，向下為壓，劍尖朝前。

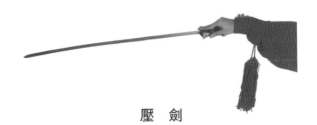

壓　劍

三十二式太極劍分解教學

雲　劍

平劍，在頭前上方平圓繞環為雲。

上雲劍

抹　劍

平劍，從一側經體前弧形向另一側回抽為抹，腕與胸平，劍尖朝對側前方，力達劍身。

平抹劍

截　劍

劍身斜向上或斜向下為截，力達劍身前部。上截劍斜向上，下截劍斜向下，後截劍斜向後下方。

下截劍

帶　劍

平劍，由前向左或右屈臂回抽為帶，腕高不過胸，劍尖斜朝前，力達劍身。

斬　劍

平劍，向右橫出，高度在頭與肩之間為斬，力達劍身。

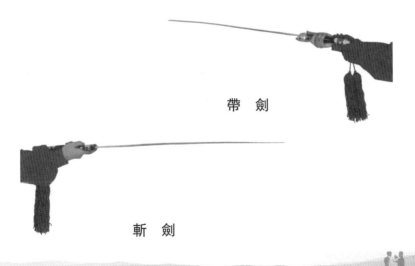

帶　劍

斬　劍

架　劍

立劍，橫向上為架，劍高過頭，力達劍身，手心朝外。

架　劍

穿　劍

平劍，從右側向後或從左側向前立劍或平劍穿出，高度在胸腹或膝下之間，力達劍身。

抽　劍

立劍，旋臂屈肘向後抽帶，力達劍身。

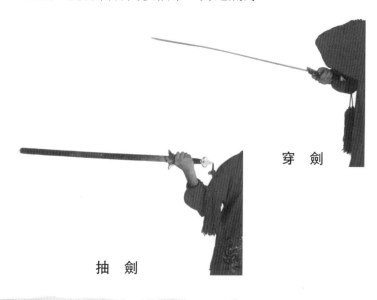

穿　劍

抽　劍

提　劍

立劍，臂內旋向後向上至耳旁倒提，力達腕部至劍身。

提　劍

推　劍

立劍，扣腕向前直出為推，力達劍身。

捧　劍

平劍，向胸腹回帶至腹前，左掌在劍柄下方托起為捧，力達劍身。

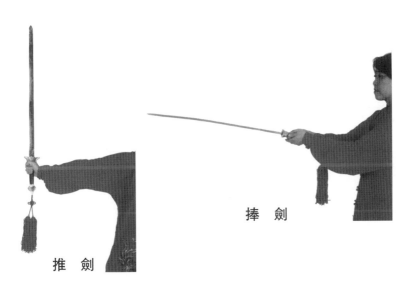

捧　劍

推　劍

接　劍

立劍，回抽時左掌接握劍柄，為接劍法。

接　劍

持　劍

立劍，左手握劍，貼於左臂肘關節處，劍身垂直。

持　劍

預 備 式
併步持劍

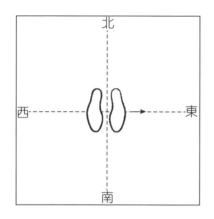

北

西 → 東

南

　　面向正南（假設），兩腳靠攏併立，身體正直。兩臂自然垂於身體兩側，左手持劍，劍尖向上；右手握成劍指，手心向內。眼睛平視前方。

　　注意頭正頸直，下頦微內收，身體中正，全身放鬆。集中意念，準備練劍。身體正直時，不要故意挺胸、收腹，要含胸拔背。劍身在左臂後直立，不要觸及身體。

　　此時心靜氣和，用鼻做深呼吸。

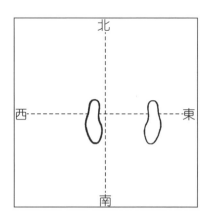

起　勢

（三環套月）

（一）左腳開步

左腳向左分開半步，兩腳平行，與肩同寬。右劍指內旋，掌心轉向身後。

重心微向右移，左腳起時腳跟先起，落時腳尖先落，動作均勻。起左腳時，右膝不要彎曲，避免起伏；落左腳時，注意腳跟稍外撐，落後兩腳尖朝正前方，不可出現八字步。

此時自然呼吸，一呼一吸。

起　勢
（三環套月）
（二）兩臂前舉

　　兩臂徐徐向前平舉，與肩同高同寬，手心向下。眼看前方。

　　兩臂上舉時，兩肩自然鬆沉，不能聳肩。注意劍身貼於左前臂下側，劍尖不可下垂，劍柄指向正前方。

　　隨兩臂前舉，均勻吸氣。

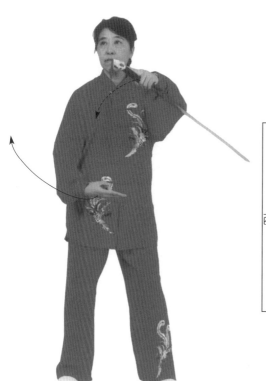

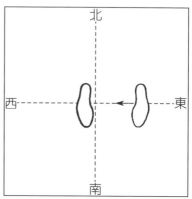

　　上體微向右轉，重心移於右腿。右手持劍隨轉體經面前向右畫弧至右前上方，劍柄與頭同高，劍尖斜向下；右臂外旋由體前下落至腹前右側，手心斜向上。眼看劍柄。

　　以腰為軸，轉體、舉劍、落劍指同時運行，協調一致。舉劍時不可聳肩，身體不要歪斜，劍刃不能觸及身體。

　　隨轉體舉劍時均勻呼氣，舉劍到位時呼氣止。

起　勢
（三環套月）
（四）微左轉丁步托指

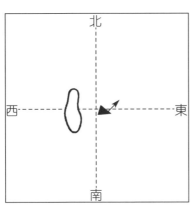

　　身體微左轉，左腳收於右腳內側，腳尖落地，成丁字步。同時左手持劍下落至右上腹前；右劍指向右上托，稍高於肩。眼看右手劍指方向。

　　落劍與托指同時運行，一壓一托，形成合勁。注意上體中正，斂臀。

　　丁步托指時均勻吸氣。

　　【攻防用意】設對方劍向我胸部刺來，我左手持劍用劍柄將對方劍下壓，使其劍落空。

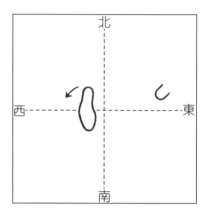

身體繼續左轉，隨之左腳提起向左前方邁出，腳跟著地。同時，左手持劍繼續下落至左膝內側，劍尖向上；右臂屈肘，劍指畫弧至耳側，手心斜向下。眼看左前方。

身體中正，腳跟著地要輕，重心仍在右腿。左手持劍下落時，初學者最易上體傾斜和劍身傾斜，須注意上體中正，劍到位時，劍身直向上。

繼續吸氣到腳跟著地為止。如習練者肺活量小或動作較慢，要注意避免憋氣，進行自然呼吸（下同）。

起　勢

（三環套月）
（六）弓步摟膝前指

　　身體微左轉，重心前移，左腿前弓；右腿蹬直，成左弓步。同時，左手持劍隨轉體向左下方摟出，停於左胯旁，劍立於左臂後，劍尖向上；右手劍指隨轉動方向向前指出，手心向前，指尖自然向上，高與眼平。眼看劍指。

　　轉體、摟膝、弓步、前指要協調一致，一氣呵成。摟膝過程中，始終保持劍身正直向上。

　　隨重心前移時呼氣，弓步定式時呼氣止。

　　設對方劍向我左腹部刺來，我左手持劍以劍身貼緊前臂摟擋其劍，並重心前移近身以劍指點對方喉部。

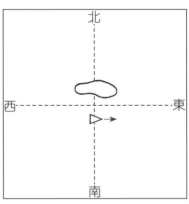

重心移至左腿，右腳提起收至左腳內側而不落地。同時右臂外旋，手心斜向上；左手持劍屈肘收至腹前，劍尖斜向後上方。目視右手劍指方向。

移重心收腳時要沉穩，重心逐步移到左腿。上體中正，注意不要前俯。

移重心開始均勻吸氣。

三十二式太極劍分解教學

起　勢
（三環套月）
（八）上步穿劍

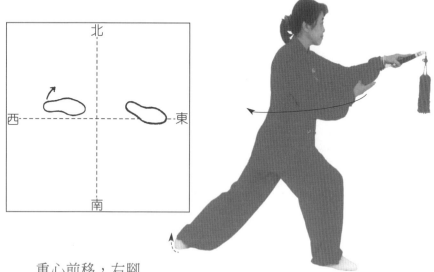

　　重心前移，右腳
尖外擺向前橫落，兩
腿交叉，膝部彎曲。同時，左手持劍經胸前和右手上方向
前穿出，手心向下；右臂繼續外旋，手心向上收至左腕
下，劍指向前。眼看劍柄。

　　左、右手經胸前交錯前穿、後收，形成對拉勁。兩手
交錯時，注意以腰為軸，兩臂隨之移動，形成整勁，不可
左手持劍單獨前穿。此時容易抬頭，須保持上體中正，下
頦微收。

　　繼續均勻吸氣，兩手交錯時開始呼氣。

　　設對方見我用劍指點喉，身體後仰，我上步踏住對方
的前腳，用劍柄衝擊對方胸部。

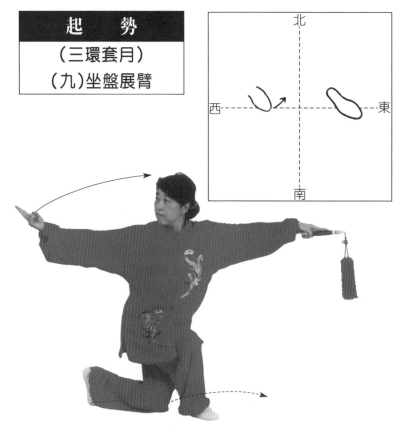

身體右轉，兩腿屈膝下蹲成半坐盤勢。同時，右手劍指下落經腹前撤至右後方，手心向上；兩臂前後展開，與肩同高。眼看劍指。

右手後撤與身體右轉要協調。右手後撤時保持手心向上，撤到腰後再開始翻轉外旋；展臂時注意沉肩垂肘（兩臂微屈），不可聳肩。

坐盤展臂時呼氣，到兩臂展開時止。

設對方用劍向我頭部橫掃，我兩腿屈膝下蹲，使對方劍落空。

起　勢
（三環套月）
（十）上左步屈肘

北

西--------東

南

　　重心前移，左腳經右腳內側上步，腳跟著地，上體左轉。同時，右臂屈肘，右手劍指收至右耳側上方，手心斜向下。眼看前方。

　　上步、轉體、屈肘收劍指要協調一致。要穩住重心，左腳跟落地時，重心仍在右腿。

　　上步時開始吸氣。

起　勢
（三環套月）
（十一）弓步落指

　　重心前移，左腳踏實，左腿前弓，右腿蹬直，成左弓步，上體微左轉。同時右手劍指向前伸出落於劍把之上，準備接劍；劍把與胸同高，劍尖斜向後下方。眼看前方。

　　注意兩肩放鬆，上體保持正直。弓步時兩腳橫跨度不要過小，橫向距離約30公分，在左腿上步時，要注意腳的落點。

　　隨上步繼續均勻吸氣，右手準備接劍吸氣止。

　　【攻防用意】準備接劍，以便用右手持劍對擊。

三十二式太極劍分解教學

第 一 組

一、併步點劍

（蜻蜓點水）
（一）接劍前移

　　重心前移，後腳跟抬起。同時右手變掌，虎口對著護手，握住劍把，向前向下落於胸前；左手變成劍指附於右手腕部，手心向前下方。眼看前下方。

　　握劍把要鬆握，向前、向下落時，手臂自然伸直。上體正直，不可前俯。

　　接劍前移為呼氣。

　　【攻防含義】準備攻擊。

　　右腳上步向左腳內側靠攏並齊，兩腳尖向前，兩腿屈膝，身體略向下蹲。同時劍尖向前下點，劍身斜向下，劍尖與膝同高，右臂平直。眼看劍尖。

　　點劍是使劍尖由上向下啄點，腕部屈提，力注劍尖。點劍時，要以拇指、無名指和小指著力，其他兩指鬆握。持劍要鬆活，主要用腕部的環繞將劍向前下方點出。併步時兩腳不要併緊，兩腳掌要全部著地，身體重心主要落在左腿上。兩腿屈膝時，身體不要前傾，保持正直。

　　繼續呼氣，點劍到位時呼氣止。

　　設對方俯身以劍擊刺我下部，我即以劍尖點擊其頭或腕部。

二、獨立反刺
(大魁星式)
(一)右後撤步沉腕

　　右腳向右後撤步，重心後移。同時右手持劍沉腕收於腹前，劍尖斜向上；劍指仍附於右腕部。眼看前方。

　　撤步前左腿先屈膝下蹲以降低高度；右腳後撤時，腳前掌先落地，隨即右腿屈膝，重心後移。右腳後撤的落點要偏右後方，右腳落地時，以腳尖外撤約60°為宜。保持身體正直，避免上體前傾。右手持劍沉腕，注意同時落臂，劍尖自然抬起。

　　撤步沉腕應均勻吸氣。

　　設對方劍向我右腿刺來，我撤步避開，並以劍對準對方阻攔其前進。

　　身體右後轉，左腳內扣。隨之右手持劍向下向右抽帶，反撩至後方（劍尖向西），手心向後；劍指隨劍撤於右上臂內側，手心斜向下。眼看劍尖。

　　轉體抽劍時，要同時重心右移，協調一致。反撩劍時，注意右肩及右肘自然揚起，不可聳肩。

　　繼續吸氣，反撩劍到位時完成吸氣。

　　設對方劍向我右腹部刺來，我用劍抽帶將其劍化開，並順勢反撩其腕部。

二、獨立反刺
（大魁星式）
（三）收腳丁步挑劍

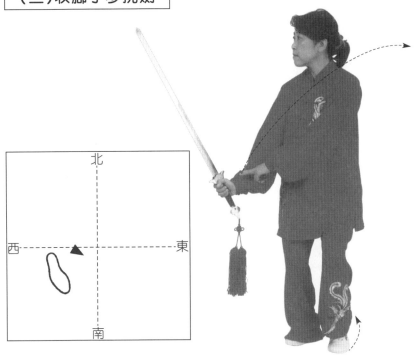

　　重心右移，隨之左腳收至右腳內側，腳尖點地，成丁步。同時右臂外旋，右腕下沉，劍尖上挑，劍身斜立於身體右側；劍指附於右臂內側。眼看劍尖。

　　收腳成丁步後，重心站穩，準備獨立。注意尾閭中正，避免凸臀。右腳不可任意扭轉。

　　收腳挑劍為呼氣。

　　攻防用意為靜待左方對手動靜。

二、獨立反刺
（大魁星式）
（四）提膝反刺

上體左轉，左膝提起成獨立步。同時右手持劍上舉，使劍經頭右側上方向左反手立劍刺出，右手拇指向下，手心向外；劍指經頦下向前指出，指尖自然向上，高與眼平。眼看劍指。

右腿自然直立，左膝儘量上提，腳尖下垂，腳面展平，小腿和腳掌微向裏扣護襠。獨立時身體不可前俯後仰。反刺時要注意力貫劍尖，不要做成架劍。

繼續呼氣，定勢時呼氣止。

設對方從我左後上方撲來，我轉體用劍向對方反刺。

三、仆步横掃
（燕子抄水）
（一）右轉體撤步劈劍

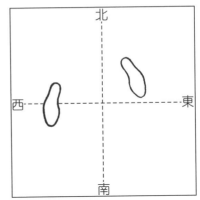

上體右後轉，右腿屈弓；左腿向左後方撤步，膝部伸直，成側弓步。同時劍隨轉體向右後方劈下，右臂與劍平直；劍指隨轉體經頭上方向下落於右腕部。眼看劍尖。

左腿撤步與劈劍方向相反。左腿撤步時，右腳不能移動。

撤步劈劍時均勻吸氣。

設對方從右側用劍向我腰部刺來，我則向左撤步後退，同時用劍向其頭部劈擊。

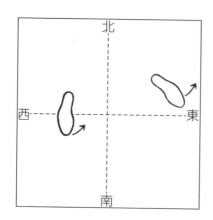

三、仆步橫掃

（燕子抄水）
（二）下蹲穿劍指

　　微左轉體，右腿屈膝下蹲成仆步。同時右臂外旋，右手持劍隨身體下沉；劍指經體前順左肋向後反撤，手心斜向後。眼看劍尖。

　　右腿屈膝下蹲，可以半蹲成半仆步。注意屈膝沉身，不能俯體凸臀。

　　繼續吸氣，劍指穿到位吸氣止。

　　設對方劍刺擊我頭部，我下勢沉身避開其劍。

三、仆步橫掃

（燕子抄水）

（三）弓步橫掃

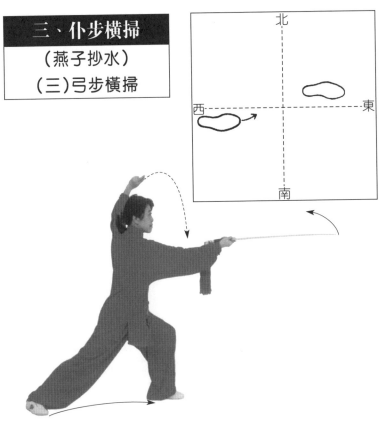

　　重心左移，左腳外擺，左腿屈弓；右腳尖內扣，右腿自然伸直成左弓步。同時右手持劍向下向左上方平掃，與胸同高；劍指隨掃劍向後向上畫舉至額左上方，手心斜向上。眼看劍尖。

　　弓步、掃劍、舉劍指要協調一致。掃劍力達劍刃，持劍平穩，不要上下搖動，注意橫掃呈弧線，由高到低（與膝或踝同高）再到胸的高度。

　　掃劍時呼氣，弓步形成呼氣止。

　　用意是以劍橫掃對方膝部或腰部。

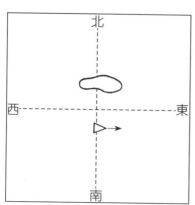

四、向右平帶

（右攔掃）

（一）收腳收劍

右腳收至左腳內側而不落地。同時右手持劍稍向內收引，劍指落於右腕部。眼看劍尖。

右手持劍後收時，劍尖略抬，控制在體前中線附近。劍向後收時要屈肘，不要使劍尖左擺。

收腳收劍時均勻吸氣。

56

三十二式太極劍分解教學

【攻防用意】以靜制動。

四、向右平帶

（右攔掃）
（二）上步伸劍

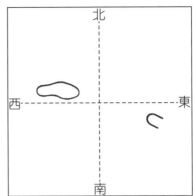

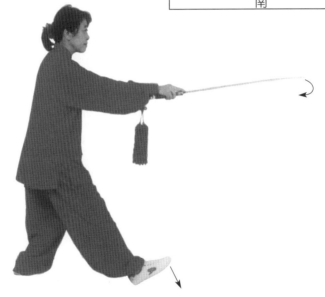

　　右腳向右前方邁步，腳跟著地。同時右手持劍略向前引、伸；劍指仍附於右腕部。眼看劍尖。

　　上步的方向與中線約成30°。上步落步注意輕、穩，不要搶步。

　　繼續吸氣，右腳著地時吸氣止。

　　用意為上步進身，伺機進攻。

四、向右平帶
（右攔掃）
（三）弓步帶劍

重心前移，右腳踏實，右腿屈膝前弓；左腿蹬直，成右弓步。同時右手持劍手心翻轉向下，向右後方斜帶；劍指仍附於右腕。眼看劍尖。

帶劍是平劍由前向斜後方柔緩平穩地畫弧回帶，力在劍刃。劍柄擺動幅度要大，劍尖則始終控制在體前中線附近。注意由前往後帶，不要橫向右推或做成橫掃劍。

弓步帶劍為呼氣。

設對方劍向我右胸部刺來，我劍緊貼其劍身向右帶化。

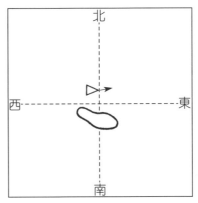

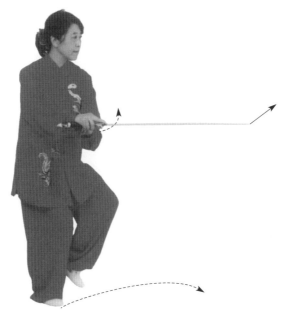

重心前移，左腳收至右腳內側而不落地。同時右手持劍屈臂後收。眼看劍尖。

動作要點、注意事項、呼吸及攻防用意均與「四、向右平帶」之（一）同，唯左右相反。

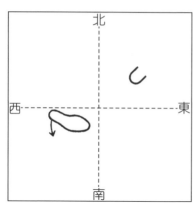

　　左腳向左前方上步，腳跟著地。同時右手持劍向前伸展；劍指翻轉收至腰間。眼看劍尖。

　　動作要點、注意事項、呼吸和攻防用意均與「四、向右平帶」之（二）同，唯左右相反。

五、向左平帶

（左攔掃）

（三）弓步帶劍

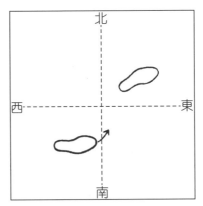

北

西 — — — 東

南

重心前移，左腿屈弓，右腿蹬直，成左弓步。同時右
手翻掌將劍向左後方弧線平劍回帶至左肋前方，力在劍
刃；劍指向左上方畫弧舉至額左上方，手心斜向上。眼看
劍尖。

動作要點、注意事項、呼吸和攻防用意均與「四、向
右平帶」之（三）同，唯左右相反。

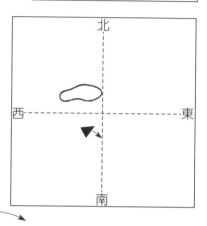

　　右腳收至左腳內側，腳尖落地，身體左轉。同時右手持劍由前向下向後畫弧，立劍斜置於身體左下方；劍指下落，兩手交叉於腹前。眼看左後方。

　　右手持劍後掄時，手心斜向外，左劍指手心斜向下。左轉體時，上體保持正直，不要前俯。

　　隨收腳，均勻吸氣。

　　設對方劍刺我左膝，我劍向左向下掄隔其劍。

三十二式太極劍分解教學

62

六、獨立掄劈

（探海勢）
（二）上步舉劍

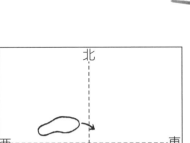

右腳向前上步，腳跟著地。同時右臂內旋，右手持劍上舉於頭上方；劍指翻轉收於腰間，手心向上。眼看左前方。

掄劍與舉劍應連貫畫弧，並與轉腰、旋臂相配合。注意整體協調；兩臂翻轉（右臂內旋、左臂外旋）時，上步與舉劍同時完成。

繼續吸氣，上右步腳跟落地時，吸氣止。

上步近身，舉劍準備劈擊。

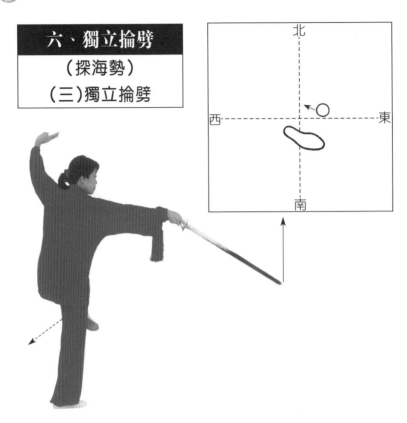

六、獨立掄劈

（探海勢）

（三）獨立掄劈

　　重心前移，右腳踏實；左腳屈膝上提，成右獨立步，上體右轉，稍向前傾。同時右手持劍向前下方立劍劈下，右臂與劍成一條斜線；劍指向後向上畫弧舉至左上方，掌心斜向上。眼看前下方。

　　劈劍是立劍由上向下劈出，力在劍刃。掄劈要以肩為軸，臂要舒展伸直，不可提腕做成點劍。左劍指畫弧上舉時，要注意先向後再向上，同右手劈劍形成交叉畫立圓，不可從腰間直線上舉。

　　重心前移呼氣，劈劍到位呼氣止。

　　攻防用意為向對方頭或臂、腕部劈擊。

七、退步回抽

（懷中抱月）
（一）撤步提劍

左腳向後下落，全腳踏實。右手持劍外旋上提，手心斜向上；劍指向左下落，與肩同高。眼看劍尖。

撤步時重心不要早移，右腿先屈膝下沉，左腳後撤踏實，但步幅不要過小。

撤步提劍時均勻吸氣。

攻防用意在靜觀對方動靜。

七、退步回抽

（懷中抱月）
（二）虛步提劍

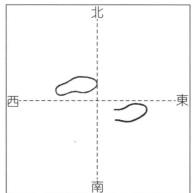

　　重心後移，右腳隨之撤回半步，腳前掌點地，成右虛步。同時右手持劍回抽，劍柄收於左肋旁，手心向內，劍尖斜向上；劍指落於劍柄上。眼看劍尖。

　　抽劍時立劍由前向後畫弧抽回，力點沿劍刃滑行。劍柄與左肋相距10公分。兩肩鬆沉。虛步時，鬆腰鬆胯，不可凸臀。

　　虛步抽劍為呼氣，定式時呼氣止。

　　設對方劍向我胸部刺來，我退步後閃，並以劍緊貼對方劍身向左抽化。

八、獨立上刺

（宿鳥投林）
（一）轉體收劍

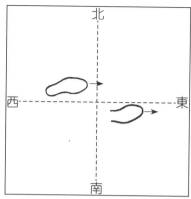

　　身體微右轉，面向前方。同時右手持劍收至腹前，手心向上，劍尖斜向上；劍指附於右腕部。眼看劍尖。

　　注意上體中正，不要前傾。

　　轉體收劍為均勻吸氣。

　　設對方攻擊被我向左抽化後，正面出現空檔，我將劍收到中線，準備向其正面刺擊。

（宿鳥投林）
（二）獨立上刺

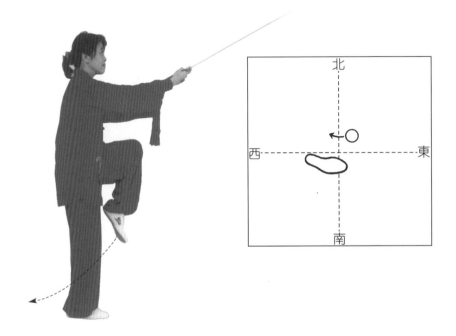

　　右腳向前墊步，重心前移；左腿屈膝提起，成獨立步。同時右手持劍向前上方刺出（手心向上），高與頭平；劍指仍附在右腕部。眼看劍尖。

　　上刺劍時，手與肩同高，兩臂微屈。左膝儘量上提，腳尖向下，腳面繃平。右腳向前墊步的步幅不超過一腳長。上刺時，乘勢上體可微向前傾，但不要聳肩、駝背。

　　獨立上刺時呼氣，定式時呼氣止。

　　攻防用意為向對方頭部或喉部刺擊。

第 二 組

九、虛步下截

（烏龍擺尾）

（一）左後撤步

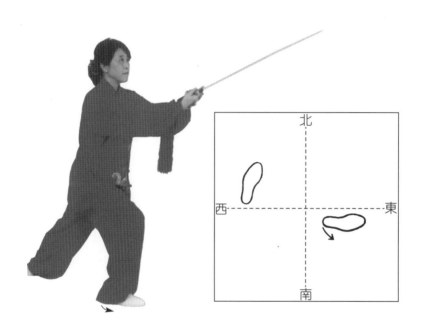

左腳向左後方撤步。右手持劍隨身體下沉，微向前引伸。眼看劍尖。

右腿先屈膝下沉，左腿後撤踏實，重心不要早移。撤步時，左腳向後偏北方向落步，不要直向後方落步。

後撤步時均勻吸氣。

設對方劍向我左腿刺來，我撤步後閃，避開其劍。

北

西 ---- 東

南

重心左移，身體左轉。同時右手持劍隨轉體左平擺於體前，與頭同高，手心向上；劍指翻轉於左腰間，手心向上。眼看劍尖。

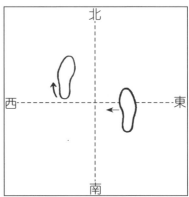

左轉體時，左腿屈弓，右腳跟外展，右腿自然蹬直成左側弓步。右手持劍左擺時，劍柄領先，擺到位時劍尖向右（向東）。右胯放鬆，重心在左腿，保持身體中正。

繼續吸氣，劍擺到位時，吸氣止。

設對方劍向我頭部刺來，我用劍緊貼對方劍身向左後方引化。

九、虛步下截

（烏龍擺尾）

（三）虛步下截

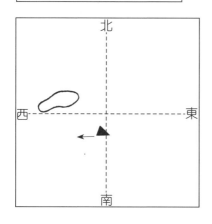

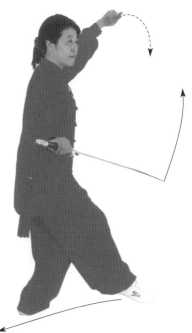

　　上體右轉，左腳跟隨轉體外展，右腳微內收，腳尖點地，成右虛步。同時右手持劍隨轉體旋臂翻腕（手心向下）經體前向右向下截按，右手在右胯側，劍尖方向偏左（東偏北約30°），劍尖略下垂，高與膝平；劍指向左向上繞舉於左上方，掌心斜向上。眼平視右前方（東偏南約30°）。

　　截劍是用劍刃中段或前端截擊，力在劍刃。下截時，利用轉體揮臂帶動劍向右下方截出。定勢時，右臂半屈後引。右腳內收時，不要向左移，應從原位直線內收。虛步時兩腳的橫向距離不超過10公分，但要防止過小，更不能兩腳左右交錯。

　　虛步下截為呼氣，定式時呼氣止。

　　設對方劍削擊我右腿，我右腿內收，同時用劍下截其腕，或截擋其劍。

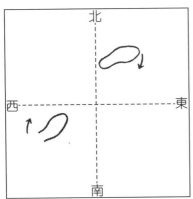

十、左弓步刺
（靑龍出水）
（一）退步提劍

　　右腳向後撤步，前腳掌落地。同時右手持劍向體前提起，高與胸平；劍指落於右腕部。眼看劍尖。

　　提劍向前，是指原劍尖指的方位。故前提後劍尖仍向東偏北約30°。右手持劍上提，不要做成刺劍。

　　退步提劍為均勻吸氣。

　　設對方劍向我右腿刺來，我退步避開其劍，並將劍上提前引指向對方，阻止其近身。

十、左弓步刺

（青龍出水）
（二）轉體抽劍

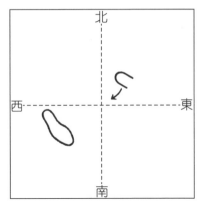

重心右移，身體右轉。右腳以掌為軸稍內蹍，左腳內扣。同時右手持劍後抽，手心翻轉向外；劍指附於右腕部，隨劍後抽。眼看劍尖。

右手持劍回抽時，邊抽劍前臂邊內旋，但劍尖不可擺動。劍柄收到右肩前，劍尖仍朝原方向。轉體後，身體重心大部落於右腿。

轉體抽劍為呼氣。

設對方劍向我腕部刺來，我向右後方閃開，並用劍緊貼其劍身向右抽化。

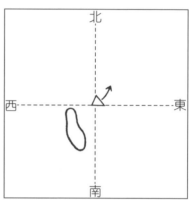

身體微左轉，左腳收至右腳內側（腳尖不點地）。同時右手持劍隨轉體向下收於右腰側；劍指隨之外旋收至腹前，兩掌心均向上。眼看左前方。

右手持劍向下捲收時，前臂外旋，手心逐漸翻轉向上。控制劍身不可隨意擺動，使劍尖指向將要刺出的方向。

收腳捲劍時均勻吸氣。

設對方劍向我左腿刺來，我左腳內收閃避。

十、左弓步刺

（青龍出水）
（四）轉體上步

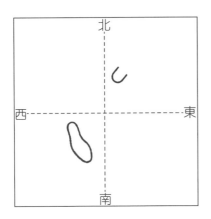

北

西 —————— 東

南

左轉體，左腳向左前
方邁步，腳跟著地。同時
右手持劍隨轉體將劍仍握
在腰側；左手劍指順腹部
畫至左腰側。眼看前方。

身體正直，重心仍在
右腿。左腳向左前方邁出
時，注意略偏北，仍落在
收腳前的方位。

轉體上步為呼氣。

【攻防用意】轉體上
左步，準備近身攻擊。

十、左弓步刺

（青龍出水）

（五）弓步平刺

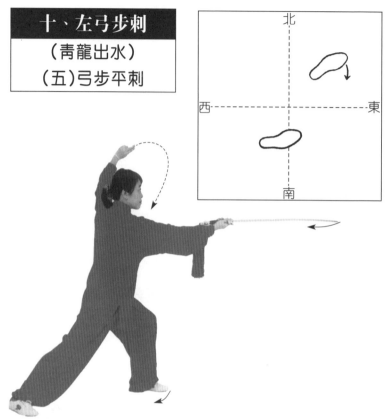

　　重心前移，左腳踏實；左腿屈膝前弓，右腿蹬直，成左弓步。同時右手持劍從右腰間向左前方刺出，與胸同高，手心向上；劍指向左向上繞至左上方，手心斜向上。眼看劍尖。

　　本勢從轉體抽劍到弓步前刺的全過程，要在轉腰的帶動下，做得圓活、連貫、自然。前刺時劍身要端平，劍與臂成一直線，力貫劍尖，向前直刺。

　　繼續呼氣，定式時呼氣止。

　　【攻防用意】劍向對方胸部刺擊。

三十二式太極劍分解教學

十一、轉身斜帶

（風捲荷葉）
（一）後坐扣腳抽劍

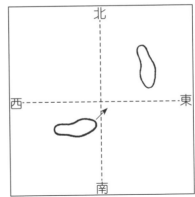

重心後移，身體右轉，左腳尖內扣。同時右手持劍屈臂向右抽至右胸前，手心向上；隨之劍指落在右腕部。眼看劍尖。

重心右移要充分，左腳尖儘量往裏扣。左劍指下落搭腕時，兩肩要鬆沉，防止聳肩。

隨轉體均勻吸氣。

設對方劍向我右臂刺來，我後坐右轉用劍緊貼其劍身向右抽化。

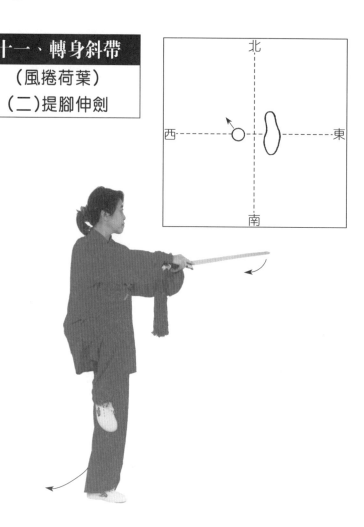

十一、轉身斜帶

（風捲荷葉）

（二）提腳伸劍

　　重心再移至左腿，右腳提起貼在左小腿內側。同時右手持劍向左前方伸送。眼看劍尖。

　　劍向左伸送時，右小臂與劍身保持平直。提收右腳時，重心坐於左腿，不要做成獨立步。

　　提腳伸劍為呼氣。

　　設對方後撤，我將劍向其微伸送，觀其動靜。

十一、轉身斜帶

（風捲荷葉）
（三）轉體上步帶劍

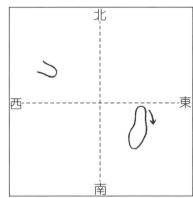

身體右轉，右腳向右前方邁出，腳跟落地。同時右手持劍隨轉體翻轉，手心向下，向右平帶；劍指仍附右腕部。眼看劍尖。

右手翻腕向右平帶時，呈弧線平收。右腳向右前方出步時，注意方向偏北（超過中線約30°）。右腳落地時，重心仍在左腿，鬆腰鬆胯，保持身體正直，防止凸臀。

隨轉體均勻吸氣。

【攻防用意】將對方擊來劍向右帶化。

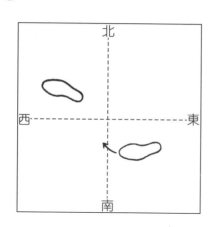

重心前移，右腳踏實，右腿屈膝前弓，左腿蹬直，成右弓步。同時右手持劍繼續向右平帶，手心向下，劍尖略高；劍指仍附於右腕部。眼看劍尖。

劍帶到右側時，右肘微彎曲，劍尖微向內，力注劍刃。弓步方向為西偏北約30°（從上式左弓步到本式右弓步，轉體總共約240°），斜帶是指劍的走向，仍為平帶劍。

隨重心前移呼氣，定式時呼氣止。

【攻防用意】將對方擊劍向右帶化，或用劍刃向其上身抹割。

十二、縮身斜帶

（獅子搖頭）

（一）提腳收劍

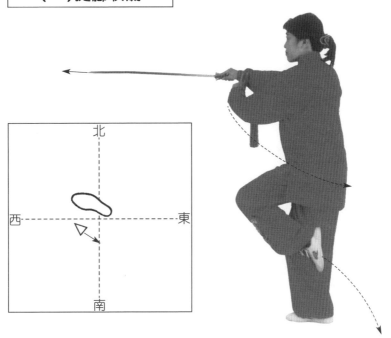

　　重心前移，左腳收至右腳內側而不落地。同時右手持劍微收；劍指仍附於右腕部。眼看前方。

　　收劍時上體正直，稍向右轉。注意身體正直，不要前傾。

　　提腳收劍為均勻吸氣。

【攻防用意】劍收回觀察對方動靜。

三十二式太極劍分解教學

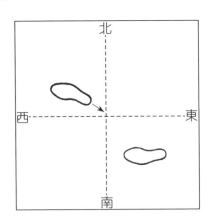

十二、縮身斜帶

（獅子搖頭）
（二）撤步伸劍

　　左腳後撤。同時右手持劍向前伸送，手與肩平，劍身與小臂成直線；左劍指屈腕經左肋反插向身後穿出，與腰同高。眼看劍尖。

　　上體略向前伸，送劍方向與弓步方向相同。左腳撤步時，仍落於原位，左劍指後插，臂稍帶弧形，腕部稍屈，手心斜向下。

　　隨伸劍呼氣。

　　【攻防用意】劍前伸，阻止對方近身。

三十二式太極劍分解教學

十二、縮身斜帶
（獅子搖頭）
(三)丁步左帶

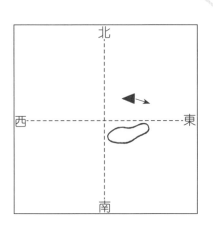

　　重心移向左腿，右腳隨之收到左腳內側，腳尖點地，成丁步。同時右手翻轉，手心向上，將劍向左平帶（劍尖略高），力在劍刃；左劍指向上向前繞行畫弧落於右腕部。眼看劍尖。

　　收腳帶劍時，身體向左轉，重心坐於左腿。鬆腰鬆胯，上體保持正直，注意斂臀。

　　移重心時呼氣，定式時呼氣止。

　　設對方劍向我胸部刺來，我用劍緊貼對方劍身向左帶化，使其落空。

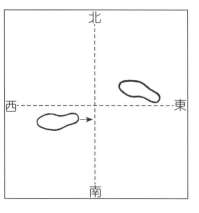

十三、提膝捧劍
（虎抱頭）
（一）撤右步伸劍

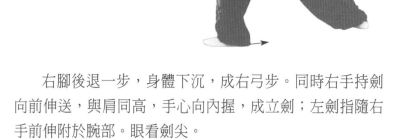

　　右腳後退一步，身體下沉，成右弓步。同時右手持劍向前伸送，與肩同高，手心向內握，成立劍；左劍指隨右手前伸附於腕部。眼看劍尖。

　　向前伸送劍時，邊伸送邊旋臂，並與撤步同時運行，上下協調。退步送劍時，易犯身體前傾、臀部後凸的毛病，須注意鬆腰鬆胯，上體中正，斂臀。

　　隨撤步均勻吸氣。

　　設對方劍向我刺來，我撤步後退將劍前伸迎擊。

十三、提膝捧劍

（虎抱頭）
（二）虛步分劍

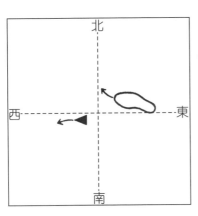

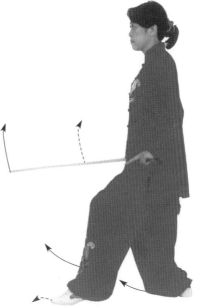

　　重心後移，左腳微向後移動（約一腳），腳尖著地，成左虛步。同時兩臂內旋向兩側平行分開，劍身置於身體右側，手心向下握，握成平劍，劍尖朝前；左劍指在左側，手心亦向下，劍指向前。眼看前方。

　　左腳隨重心後移而移動，與分劍同時進行，協調一致。分劍時，劍尖不要左右搖擺，分劍後劍尖仍在中線附近。

　　隨重心後移呼氣。

　　設對方劍向我左胸部刺來，我身體後移，同時將劍身緊貼對方劍身向右壓帶。

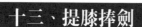

十三、提膝捧劍
（虎抱頭）
（三）提膝捧劍

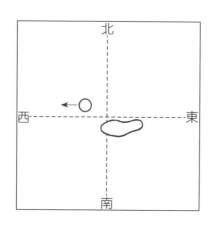

　　左腳略向前活步，右膝向前提起，成獨立步。同時右手持劍翻轉向體前畫弧伸送；左劍指變掌伸向體前，捧托在右手背下面，兩臂微屈，劍身指向前方，劍尖略高。眼看前方。

　　右膝向前提起時，左腿自然伸直成獨立步。兩手向前擺送要走弧線，先微向外，再向內在胸前相合。兩手向前擺送時，只是兩手向外微走弧線，劍尖不要外擺，右手握劍平穩，劍尖始終朝向前方。

　　隨提膝均勻吸氣，定式時吸氣止。

　　我將對方劍壓化後，捧劍準備進攻。

十四、跳步平刺
（野馬跳澗）
（一）落步沉劍

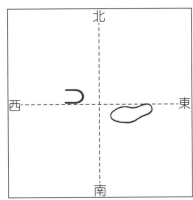

北

西 ——————————— 東

南

　　右腳前落，腳跟著地。同時兩手捧劍微向下、向後收至腹前。眼看前方。

　　先屈膝下沉，右腳落地，腳尖翹起。右腳落地不可過遠，上體不可前傾。

　　隨右腳前落時呼氣。

　　右腳向前落步，向對方近身。

十四、跳步平刺

（野馬跳澗）

（二）捧劍前刺

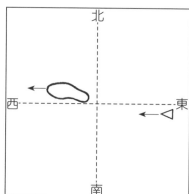

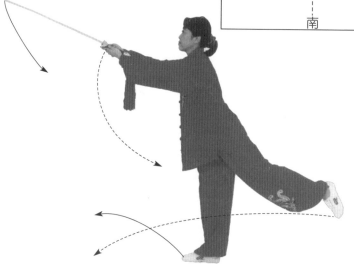

重心移至右腿，右腳踏實；左腿後蹬，左腳離地。同時雙手捧劍向前刺。眼看前方。

捧劍時，兩肩放鬆，防止抬肩。刺劍時高與肩平，劍尖略高。

移重心時繼續呼氣，前刺到位呼氣止。

【攻防用意】重心前移至右腿，繼續向對方近身，同時雙手捧劍向對方胸部刺去。

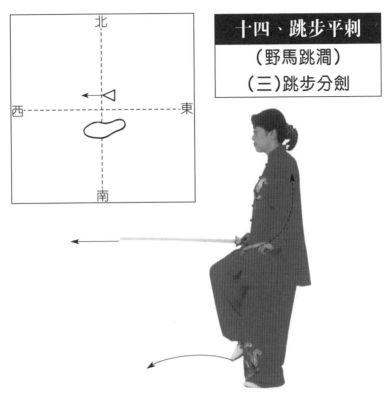

北

西 東

南

　　右腳蹬地，左腳隨即前跨一步踏實，右腳在左腳將要落地時，迅速向左小腿內側收攏而腳不落地。同時兩手分撤至身體兩側，手心均向下，左手變劍指。眼看前方。

　　向前跳步宜遠不宜高。跳步與分劍同時上下協調。右腳蹬地後，注意左腿前落屈膝緩衝，保持動作輕靈、柔和、重心穩定。

　　隨右腳蹬地吸氣。

　　設對方後退，並用劍尖對我，阻擋我繼續前進，我用劍緊貼其劍身向右帶化，同時跳步向對方近身，準備再次進攻。

三十二式太極劍分解教學

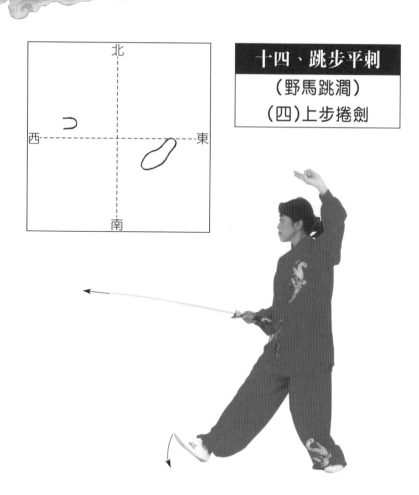

北

西　　　　　　　　　東

南

　　右腳向前上步，腳跟著地。同時右手持劍翻捲，手心向上；左劍指向左向上繞舉至肩的左側。眼看前方。

　　上步時右腳輕落，重心仍在左腿。右手捲劍，左劍指畫弧上舉時，注意兩肩放鬆，防止左肩高，右肩低。

　　隨上步開始呼氣。

　　設對方又後退一步，我則再上一步，同時捲劍準備前刺。

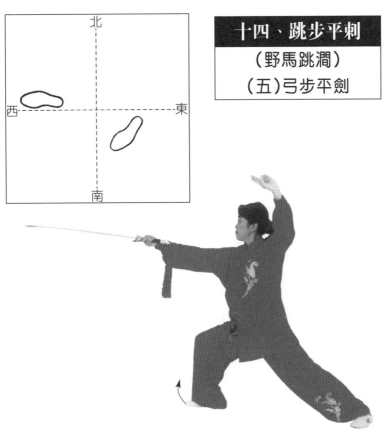

十四、跳步平刺

（野馬跳澗）

（五）弓步平劍

　　重心前移，右腳踏實。同時右手持劍向前平刺；左劍指繼續向上畫弧，舉至額左上方，手心斜向上。眼看前方。

　　右手持劍前刺時，鬆腰順肩，保持身體正直。前刺劍不可扭腰，劍刺得不可太遠，注意右肘稍沉。

　　隨重心前移繼續呼氣，定式時呼氣止。

【攻防用意】我弓步前移近身，劍向對方胸部刺去。

三十二式太極劍分解教學

　　重心後移，右腳尖翹起。同時右手持劍旋臂上舉；左劍指下落。眼看前方。

　　右臂持劍旋臂上舉時，劍刃向上，劍柄領先，劍尖斜向下。

　　劍身隨右臂外旋，劍尖不要擺動。

　　隨重心後移吸氣。

　　設對方從右前方用劍劈我手腕，我旋臂翻轉，用劍刃舉托對方劍。

十五、左虛步撩
（小魁星式）
（二）收腳繞劍

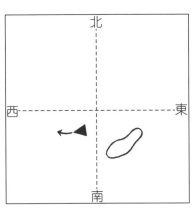

　　重心後移，上體左轉，右腳收至左腳前，腳尖點地。同時右手持劍繼續向上向左畫弧，劍把落至左腰間，劍尖斜向上；左劍指落於右腕部。眼看左側。

　　劍向後繞時，轉體要充分，眼神要隨著向左轉視。劍繞應靠近身體隨右前臂內旋，手心轉向上。右手持劍向上向後環繞時，按立圓線路畫弧，劍柄領先，力在劍刃前端。

　　隨重心後移繼續吸氣，右腳點地時，吸氣止。

　　設對方劍向我胸部刺來，我將劍向左後用下劍刃繞隔，使其劍落空。

三十二式太極劍分解教學

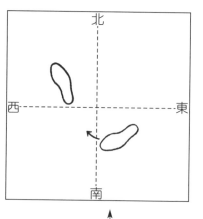

（小魁星式）

（三）墊步繞劍

上體右轉，右腳向前墊步，落實時腳尖外擺。同時右手持劍向下繞至腹前，劍身斜置在身體左側；左劍指隨右腕轉繞。眼看前方。

劍貼近身體，繼續按立圓線路畫弧。右手持劍由後向前環繞時，劍尖不可觸地。

隨右轉體呼氣。

設對方劍向我左腿刺來，我用下劍刃前端將對方劍隔開。

三十二式太極劍分解教學

94

十五、左虛步撩
（小魁星式）
（四）虛步撩劍

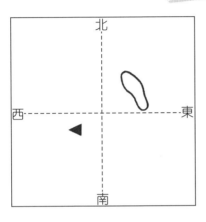

　　上體繼續右轉，重心前移至右腿，左腳向前邁步，腳尖落地，成左虛步。同時右手持劍立劍向前撩出，右手心向外，停於右額前，劍尖略低；左劍指仍附於右腕部。眼看劍尖。

　　轉體時以腰帶臂，形成整勁，力達劍刃前端。本式從右手持劍由上向後環繞以至向前撩出時，右臂隨翻轉手心始終保持向北，劍正好畫成一個立圓。

　　重心移向右腿時繼續呼氣，定式時呼氣止。

　　設對方劍向我胸部刺來，我右轉身避開其劍，並以下劍刃撩刺其腕。

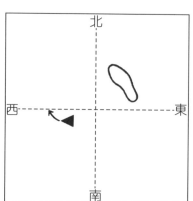

十六、右弓步撩

（海底撈月）

（一）轉體繞劍

　　身體右轉。右手持劍向後繞畫，劍尖斜向上，手心向外；左劍指隨轉體落於右肩前。眼看劍尖。

　　劍向後繞行時，轉體要充分。鬆腰鬆胯，防止凸臀。

　　隨右轉體均勻吸氣。

　　設對方向我後閃，我右轉體向後觀其動靜。

三十二式太極劍分解教學

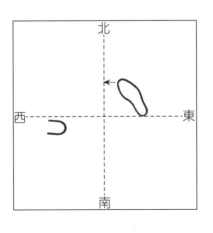

十六、右弓步撩

（海底撈月）

（二）上步繞劍

身體微左轉，左腳向前墊步，腳尖外擺。同時右手持劍向下繞，劍把落至右胯旁，手心向外，劍尖朝後；左劍指落至左腹前，手心向上。眼隨劍走。

持劍手要握活劍把。右手持劍下繞時，注意鬆胯，防止凸臀。

左腳向前墊步時繼續吸氣，左腳踏實吸氣止。

三十二式太極劍分解教學

97

　　身體繼續左轉，右腳向前上步，腳跟落地。同時右手
持劍由下向前撩出，劍尖斜向下；左劍指向左向上畫弧，
高與頭平。眼看前方。

　　右手握劍，手心保持向外，劍由後向前撩出，線路按
立圓走。握劍前撩時，劍尖不能觸地。

　　隨右腳向前上步，均勻呼氣。

　　設察覺對方要向我腹部襲擊，我劍下繞準備迎擊。

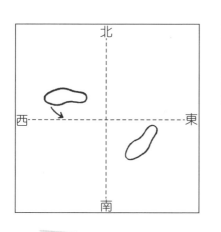

　　重心前移，右腳踏實，屈膝前弓，左腿蹬直，成右弓步。同時右手持劍繼續前撩，手心向外，高與肩平；左劍指繼續向上畫弧，繞至左額上方。眼看前方。

　　右手持劍前撩時，勢接前動，順勢前撩，著力於劍刃前端。前撩劍時，用意引導向前上方撩出，注意不要撩及過遠，防止身體前傾。

　　隨重心前移，繼續呼氣，定式時呼氣止。

　　設對方劍向我腹部刺來，我弓步進身，用劍由下撩其腕。

三十二式太極劍分解教學

第 三 組

十七、轉身回抽
（射雁式）
（一）轉體抽劍

身體左轉，重心左移，左腿屈膝，右腳尖內扣。同時右臂屈肘將劍反抽至體前，手心向內，與肩同高，劍身平直，劍尖向右；左劍指落於右手腕。眼看劍尖。

反抽劍時，主要用拇指、食指和虎口著力握劍，其餘三指鬆握，劍身才能平直。重心左移要充分，扣腳抽劍後為側弓步。眼神隨劍尖移動，不要在頭、頸隨身體左轉後，再回頭眼看劍尖。

隨轉體扣腳，均勻吸氣。

設對方劍向我右腕刺來，我左轉身抽劍避開對方刺擊。

三十二式太極劍分解教學

100

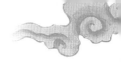

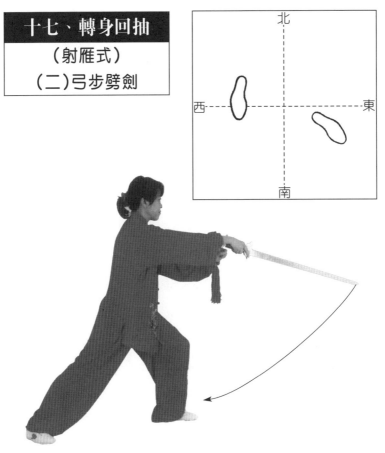

　　身體繼續左轉，左腳尖外擺，成左弓步。同時右手持劍向左前方劈下。眼看劍尖。

　　弓步方向和劈劍方向均為中線偏右（東偏南）約30°。擺腳時重心不要後移，劈劍時，隨前一動作抽劍時的勁路，順勁劈出。

　　擺腳、劈劍時呼氣。

　　設對方在我左後側，我乘其不備，向其頭部劈去。

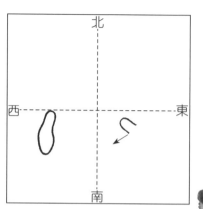

十七、轉身回抽
（射雁式）
（三）後坐回抽

　　重心移向右腿，右膝彎曲。同時右手持劍抽至右胯側；左劍指隨右手後收。眼看右下方。

　　轉體抽劍要同時。後坐重心要到位，右腿負擔身體全部重量。

　　隨重心後移吸氣。

　　設對方劍向我腕部撩來，我後坐避開，同時用劍抽帶，壓住其劍上撩。

十七、轉身回抽
（射雁式）
（四）虛步前指

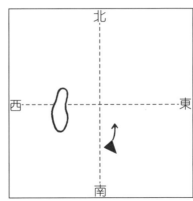

北
西 東
南

上體稍左轉，
左腳撤半步，成左
虛步。同時右手抽
劍至右胯後，劍斜
置於身體右側，劍
尖略低；左劍指經

下頦前向前指出，高與眼齊。眼看劍指。

　　劍指向前指出，左腳點地成虛步，上體向左回轉。抽
劍時要立劍向下、向後走弧線回抽。定式時劍身置於右側
至胯後，右臂微屈。虛步的方向仍為本式劈劍方向。

　　隨撤步呼氣，定式時呼氣止。

　　設對方劍收回，我虛步前指，以靜制動。

三十二式太極劍分解教學

103

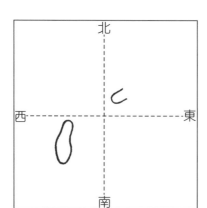

十八、併步平刺

（白猿獻果）

（一）轉體移步

　　身體左轉，左腳略向左移，腳跟著地。同時左劍指內旋向左畫弧。眼看前方。

　　左腳移步時，腳尖轉向正前方。右膝保持微屈。

　　隨左腳向左移步，均勻吸氣。

　　設對方向我左前方移步，我亦移步面向對方，觀其動靜。

（白猿獻果）

（二）併步平刺

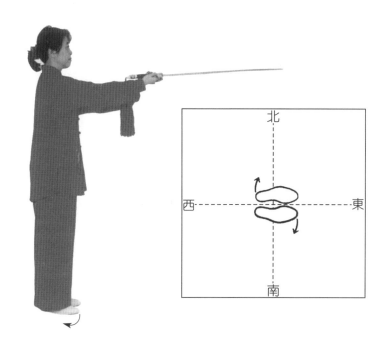

右腳向左腳併步。同時右手持劍外旋**翻轉**，經腰向前平刺；左劍指收至腰間**翻轉**變掌，捧托在右手下，手心均向上。眼看前方。

併步和捧劍動作要協調一致，併步時兩腳不要靠攏過緊，兩腳間約有一指寬的距離。兩膝微屈，刺劍時伸膝。

隨劍向前平刺，呼氣。

【攻防用意】兩手捧劍向對方胸部直刺。

三十二式太極劍分解教學

十九、左弓步攔
（迎風撣塵）
（一）轉體繞劍

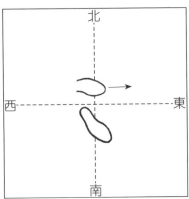

右腳尖外擺，左腳跟外展，身體右轉，兩腿屈膝。同時右手持劍旋臂，手心翻轉向外，隨轉體向前、向右、向上繞轉；左手變劍指附於右腕部，隨右手繞轉。眼隨劍尖走。

轉體時，待重心落於右腿，左腳跟再提起。右手持劍向右、向上繞行時，右肘要彎曲，並注意鬆肩。

隨轉體均勻吸氣。

設對方劍向我腕部劈來，我旋臂用下劍刃托架其劍。

十九、左弓步攔
（迎風撣塵）
（二）上步繞劍

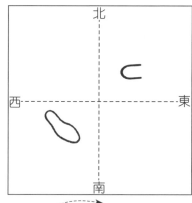

左腳向左前方上步，腳跟著地。同時右手持劍向後繞轉，劍尖斜向上；左劍指翻轉收於腹前，手心向上。眼看右後方。

繞劍時，以劍把領先，接上動順勢後繞。左腳上步，易犯凸臀毛病，可用意引導鬆胯斂臀。

後繞劍時繼續吸氣，上左步腳跟落地時，吸氣止。

設對方劍抽回，我上步近身，劍後繞準備進攻。

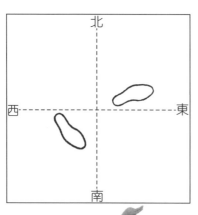

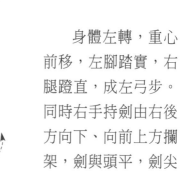

身體左轉，重心前移，左腳踏實，右腿蹬直，成左弓步。同時右手持劍由右後方向下、向前上方攔架，劍與頭平，劍尖略低，右臂外旋，手心斜向內；左劍指向左上方繞舉於左額上方。眼看劍尖。

攔劍是反手用劍下刃由下向前上方攔架，力在劍刃。做本式的攔劍時，劍要在體右側隨身體左轉，貼身繞一完整的立圓。劍由後向前攔出，劍尖不能觸地，弓步方向為東偏北約30°。

隨重心前移呼氣，定式時呼氣止。

對方用劍向我腹部刺來，我用劍向左前方攔截。

二十、右弓步攔

（迎風撢塵）
（一）擺腳舉劍

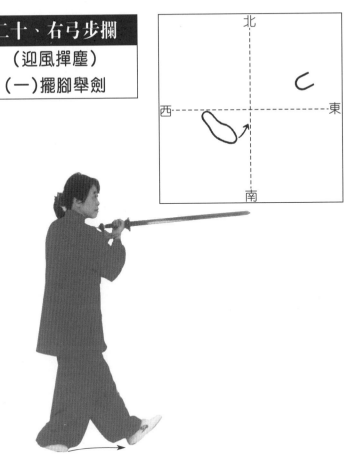

　　重心略後移，左腳尖外擺，身體微左轉。同時右手持劍上舉。眼看劍尖。

　　重心後移時，兩胯放鬆，左腳仍負擔身體重量，隨轉體腳尖外撇，不要做成後坐翹腳，到下一動作再擺腳。

　　移重心時，均勻吸氣。

　　【攻防用意】攔架住對方劍，將對方劍繼續上架。

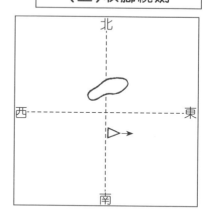

二十、右弓步攔
（迎風撣塵）
（二）收腳繞劍

　　身體繼續左轉，右腳收至左腳內側（腳尖不點地）。同時右手持劍在身體左側向上、向後、向下繞至左肋前；左劍指落於右腕部。眼隨劍尖走。

　　右手持劍後繞時，按立圓線路以劍柄領先繞畫，力在劍刃。收腳繞劍，須注意轉體時，邊繞劍，邊重心左移。在移重心時，逐步收右腳，劍繞到位，收腳到位，協調一致，不要搶收右腳。

　　收右腳時，繼續吸氣。

【攻防用意】用劍緊貼對方劍身向後繞化。

三十二式太極劍分解教學

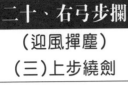

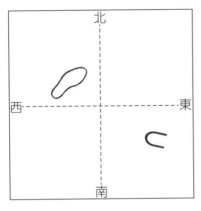

北

西 ---- 東

南

　　身體右轉，右腳向右前方邁出一步，腳跟落地。同時右手持劍繼續向下、向前繞至腹前；左劍指仍附於右腕部。眼看左前方。

　　動作要點、注意事項、呼吸和攻防含意與「左弓步攔」的「上步繞劍」同，只是方向相反，弓步方向為東偏南約30°。

三十二式太極劍分解教學

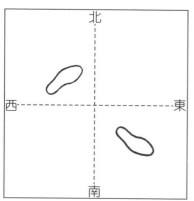

　　重心前移，右腳踏實，右腿屈膝前弓，左腿蹬直，成右弓步。同時右手持劍向前方攔出，手心向外，高與頭平，劍尖略低，劍身斜向內；左劍指附於右腕部。眼看前方。

　　動作要點、注意事項、呼吸和攻防用意與「左弓步攔」的「弓步攔劍」同，只是方向相反。

二一、左弓步攔

（迎風撣塵）

（一）擺腳舉劍

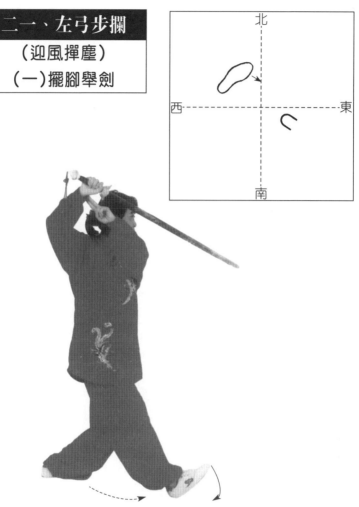

　　重心略後移，右腳尖翹起外擺，身體微右轉。同時右手持劍上舉，開始向後方回繞；左劍指仍附於右腕部。眼看前方。

　　動作要點、注意事項、呼吸和攻防含意參看「十九、左弓步攔」的「轉體繞劍」。

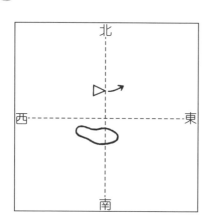

北

西 ---- 東

南

二一、左弓步攔
（迎風撣塵）
（二）收腳繞劍

身體繼續右轉，左腳收至右腳內側（腳尖不點地）。同時右手持劍在身體右側向上向後向下畫立圓繞至右胯旁，劍身斜立在身體右側；左劍指繞至右臂前。眼隨劍走，轉看右後方。

動作要點、注意事項、呼吸和攻防含意參看「十九、左弓步攔」的「轉體繞劍」。

二一、左弓步攔

（迎風撢塵）
（三）上步繞劍

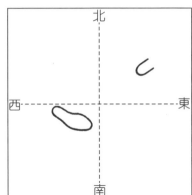

身體微左轉，左腳向左前方邁出一步，腳跟落地。同時右手持劍向下、向前畫弧，手心向外；左劍指經腹前翻轉向左上方畫弧。眼看右下方。

動作要點、注意事項、呼吸和攻防含意參看「十九、左弓步攔」的「上步繞劍」。

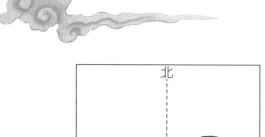

二一、左弓步攔
（迎風撣塵）
（四）弓步攔劍

　　重心前移，左腳踏實，左腿屈膝前弓，右腿蹬直，成左弓步。同時右手持劍接上動順勢向前方攔出，高與頭齊，劍尖略低；左劍指繼續向左上方畫弧至左額上方。眼看前方。

　　動作要點、注意事項、呼吸和攻防含意參看「十九、左弓步攔」的「弓步攔劍」。

二二、進步反刺

（順水推舟）
（一）上步收劍

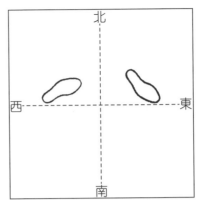

北

西 - - - - - - - 東

南

右腳向前上步，腳尖外擺，上體微右轉。同時右手持劍向下屈腕收劍，劍柄在胸前，劍尖轉向下；左劍指落於右腕部。眼看劍尖。

上步後身體重心仍主要在左腿上。右手持劍向胸前收落時，屈腕落肘，手心斜向外，拳眼斜向下。收劍時，劍尖不要外擺，用活把劍上臂內收靠近右肩，劍尖向下即可。

右腳向前上步時均勻吸氣。

設對方劍向我胸部刺來，我用劍緊貼對方劍身向右、向下將其劍掛刺。

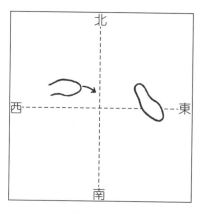

北

西 - - - - - - - 東

南

身體繼續右轉，兩腿交叉半蹲，重心略偏於前腿，左腳跟離地。同時右手持劍向後立劍平刺，手心向體前（起勢方向）；左劍指向左指出，手心向下，兩臂伸平。眼看劍尖。

轉體後刺劍時，要屈膝成半坐盤姿勢，重心略前移。右腳橫置，全腳落地，左膝抵近右膝後窩。劍由前向後刺時，注意劍尖不要向外走弧線，劍身應貼近身體經右腰間向後直刺，劍與右臂成一直線。左劍指向左指出時，不要單獨先指出，注意與後刺劍同時運行，形成對拉勁。

隨轉體刺劍呼氣。

【攻防用意】向對方胸部或腹部刺去。

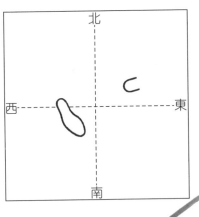

上體右轉，左腳向前上步，腳跟落地。同時右手持劍上挑，劍尖斜向上。眼看前方。

上步後身體重心仍主要在後腿。斂臀。上挑劍沉腕，力注劍尖向上挑，劍身不能斜。

左腳向前上步時，均勻吸氣。

【攻防用意】對方向我左側閃動，我上挑準備反刺。

三十二式太極劍分解教學

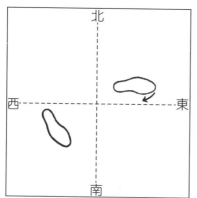

二二、進步反刺

（順水推舟）
（四）弓步反刺

　　重心前移，左腳踏實，左腿屈膝前弓，右腿蹬直，成左弓步。同時右手持劍經頭側向前反手立劍刺出，手心向外，與頭同高，劍尖略低；左劍指收於右腕部。眼看劍尖。

　　反刺時，右臂、肘、腕，均先屈後伸，使劍由後向前刺出，力達劍尖。弓步時，兩腳的橫向距離約30公分。鬆腰、鬆胯，上體正直。左腳尖朝正東，不可做成側弓步。

　　隨反刺呼氣，定式時呼氣止。

　　【攻防用意】重心前移近身，劍向對方頭部反刺。

二三、反身回劈

（流星趕月）

（一）轉體收劍

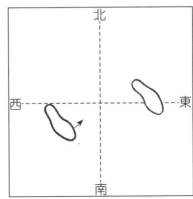

重心右移，上體右轉，左腳尖內扣。同時右手持劍向右抽收至面前；劍指仍附於右腕。眼看劍身。

左腳尖要儘量內扣，為下一動作做好準備。身體正直，防止向左或右傾斜。

隨重心右移均勻吸氣。

三十二式太極劍分解教學

【攻防用意】對方閃向我右側，我轉體收劍準備迎擊。

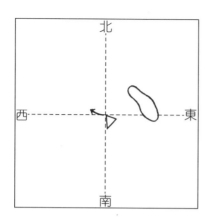

上體繼續右轉，重心移至左腿，右腳提起收至小腿內側。同時右手持劍上舉，手心向前（起勢方向）；左劍指落於腹前。眼看左前方。

劍上舉時，仍保持屈肘。右劍指離右腕時，邊下落邊外旋，落至腹前時，手心向上。右腳提收後，左腿仍屈膝，不要做成獨立步。

隨右轉體繼續吸氣。

設對方劍向我右腿刺來，我收右腿避開其劍。

二三、反身回劈

（流星趕月）
（三）上步舉劍

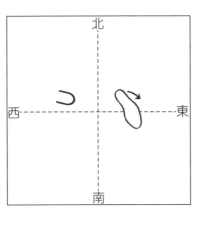

右腳向右前方邁步，腳跟著地。同時右手持劍繼續上舉。眼看左前方。

右手舉劍上舉時，右臂展開，手心仍向前，立劍平舉。右腳向右前方邁步時，注意落點稍偏後（北）。

右腳上步腳跟落地吸氣止。

【攻防用意】我上步進身，並將劍高舉，準備向對方劈擊。

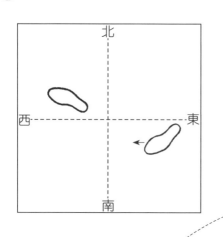

北

西 東

南

二三、反身回劈
（流星趕月）
（四）弓步劈劍

重心前移，右腳踏實，右腿屈膝前弓，左腿蹬直，成右弓步。同時右手持劍向右前方劈下；左劍指向左向上繞至左額上方，手心斜向上。眼看劍尖。

弓步和劈劍的方向是中線偏右（西偏北）30°。劈擊和弓步要同時，協調一致。劈劍時，劍要劈平，劍身與臂成一條直線，力在劍刃中段，防止劍尖下落做成點劍。

隨重心前移呼氣，定式時呼氣止。

【攻防用意】向對方頭部劈擊。

三十二式太極劍分解教學

124

二四、虛步點劍
（天馬行空）
（一）落指收腳

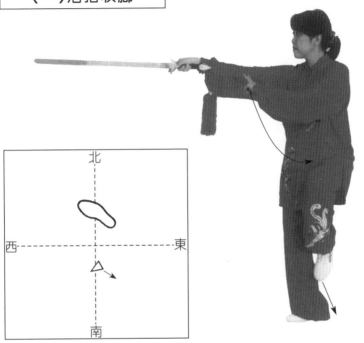

　　重心右移，左腳收至右腳內側（腳尖不點地）。同時劍指落在右臂內側。眼看劍尖。

　　劍指下落時，身體微右轉。落劍指時，意在肘下垂，防止抬肘。

　　隨重心右移，均勻吸氣。

　　設對方劍向我左腳刺來，我重心右移收回左腳避開對方劍。

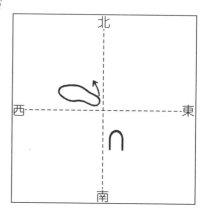

　　上體向左轉，左腳向左出步（起勢方向），腳跟著地。同時右手持劍向右後畫弧成反托劍姿勢；左手劍指下落至腹前，手心向上。眼看前方。

　　反托劍右手略高於頭，劍尖向後。向後反托劍時，劍尖可稍向下斜，但劍刃不能觸及身體。

　　隨左轉體繼續吸氣，左腳跟落地時吸氣止。

【攻防用意】我出左步向對方近身，並舉劍準備反擊。

二四、虛步點劍
（天馬行空）
（三）重心前移舉劍

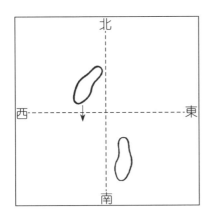

　　重心前移，左腳踏實；右腳跟外展。同時右手持劍前舉至面前右側；左劍指向左向上畫弧，與右手同高，手心向前。眼看前方。

　　重心前移，弓步過渡，移重心與兩臂上舉協調一致。上體中正，防止前傾。

　　隨重心前移均勻吸氣。

　　【攻防用意】重心前移，向對方近身，並將劍舉起，準備向對方頭部劈去。

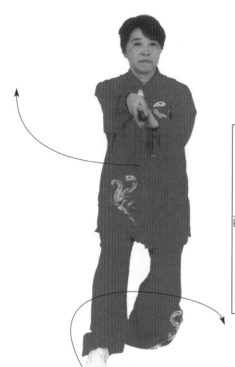

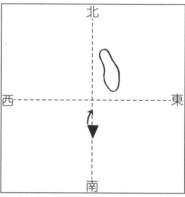

北

西 ---- 東

南

　　重心繼續前移，上右步落在左腳前，腳尖點地，成右虛步。同時右手持劍向前下方點出；左劍指附於右腕部。眼看劍尖。

　　點劍時要活握劍把，右臂先向下沉落，再伸臂提腕，力注劍尖。點劍與上虛步要協調一致。身體不要前傾。

　　隨上右步繼續呼氣，定式時呼氣止。

　　【攻防用意】我上步進身用劍尖向其頭部或腕部點擊。

第 四 組

二五、獨立平托

（挑簾式）

（一）後撤步劍腕花

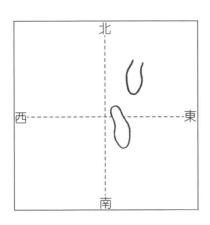

　　右腳經左腳後向左插步，腳前掌著地。同時右手旋腕使劍尖向右、向上畫弧成立劍，劍身平胸；左劍指仍附於右腕部。眼看右前方。

　　插步後身體重心仍在左腿。右腳向後插步，要與旋腕繞劍花同時運行，協調一致。旋腕劍向右畫弧時，注意劍尖稍向內收向右上方畫弧，劍尖向右。

　　隨插步均勻吸氣。

　　對方劍向我右腿刺來，我將腿後插避開。同時用劍將對方劍向右化開。

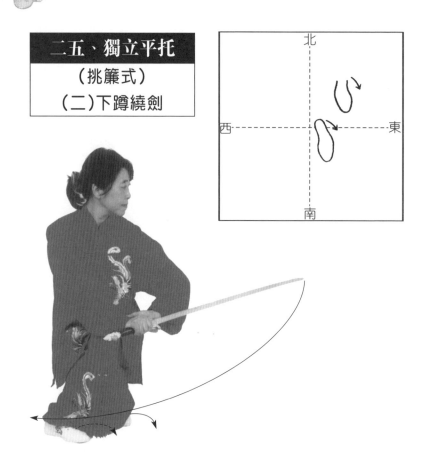

二五、獨立平托
（挑簾式）
（二）下蹲繞劍

重心下沉，兩腿屈膝半蹲，上體微向左轉。同時右手持劍向上、向左、向下畫弧，至膝前左側，劍尖斜向左偏上。眼看劍尖。

繞劍時，用劍柄領先，以立圓線路繞畫。屈膝下蹲容易前俯後凸，注意上體下沉保持身體正直。

重心下沉時，繼續吸氣，屈膝下蹲到位時，吸氣止。

【攻防用意】繼續將對方劍向上、向左帶化。

二五、獨立平托

（挑簾式）

（三）躍腳轉體提劍

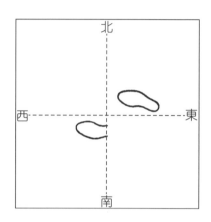

以兩腳掌為軸，向右轉面向正西。同時右手持劍向右向前繞提與肩平，劍尖斜向下，手心向外；左劍指仍附於右腕部。眼看劍身。

用兩腳掌躍轉時，重心要穩（兩腳同等負擔身體重量），轉到位時，重心右移，右腳踏實，左腳跟離地。右手持劍向右繞化時，劍尖不要外擺，劍身貼近身體繞化，劍尖不能觸地。

隨身體右轉呼氣。

【攻防用意】繼續將對方劍向右帶化。

二五、獨立平托

（挑簾式）

（四）提膝托劍

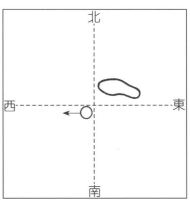

　　左膝上提，成右獨立步。同時右手持劍向上托架，劍身稍高於頭；左劍指附於右臂內側。眼看前方。

　　托劍是劍下刃著力，劍由下向上托架，劍身放平，劍尖朝前。架劍時，要用虎口著力上托，劍成立劍。

　　提膝時繼續呼氣，定勢時呼氣止。

　　【攻防用意】我用劍將對方劍向上托架，同時提左膝頂其襠部。

二六、弓步掛劈
（左車輪劍）
（一）落步掛劍

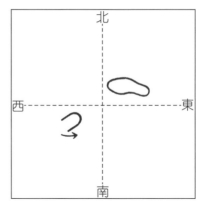

　　左腳向前落步，腳尖外擺，腳跟外側落地。同時右手持劍向下引掛，右手與肩平，劍尖斜向下；左劍指附於右腕部。眼看劍尖。

　　右手持劍下掛時，右腿屈膝，身體重心下沉，上體微向左轉。劍尖不要向左橫擺，由上向下才能掛化對方的劍。

　　隨左腳落步均勻吸氣。

　　設對方劍向我胸部刺來，我用劍緊貼對方劍身向下掛化。

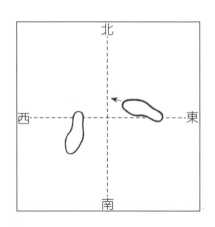

左腳尖向左擺踏實成橫落步，上體左轉，兩腿交叉。同時右手持劍向下向後掛出，手心向內，置於左胯前，劍尖朝東斜向上。眼看劍尖。

轉體鬆腰、鬆胯，兩膝屈弓。注意斂臀，轉體要充分，上體要正直。

隨動作轉換繼續吸氣。設對方劍向我左腿刺來，我用劍將其劍向後方掛化。

二六、弓步掛劈

（左車輪劍）
（三）上步旋臂舉劍

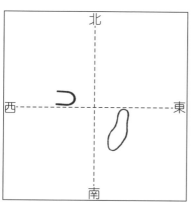

上體微右轉，重心移至左腿，右腳向前上步，腳跟落地。同時右手持劍臂內旋上舉頭上方成立劍，劍身置平，劍尖朝東；左劍指收於腰間，手心向上。眼看左後方。

重心邊前移上步，右臂邊翻轉上舉，協調一致。右臂上舉時，兩臂同時對旋（右臂內旋，左臂外旋），左臂正好旋至腰間，手心向上。

右腳跟落地時，吸氣止。

【攻防用意】我上步近身，準備劈擊。

三十二式太極劍分解教學

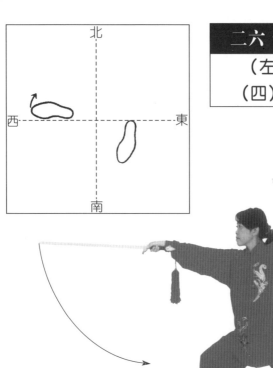

重心前移，右腳踏實，右腿蹬直成右弓步。同時右手持劍向前劈下，劍身要平，與肩同高；左劍指經左後方繞至左側上方，手心斜向上。眼看前方。

弓步和劈劍的方向，均為正西。本式劍法，由掛劍轉為旋臂上舉、下劈，按立圓線路畫弧，正好一個圓周。

隨重心前移呼氣，定式時呼氣止。

三十二式太極劍分解教學

【攻防用意】我重心前移近身，用劍向對方頭部劈擊。

二七、虛步掄劈
（右車輪劍）
（一）微轉體收劍

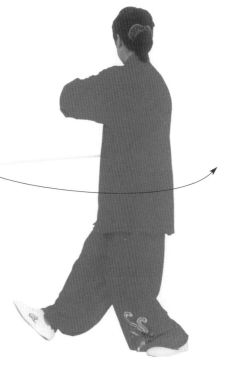

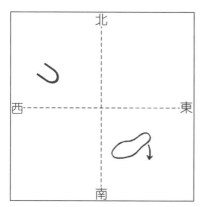

　　重心微後移，上體微右轉，右腳尖外擺。同時右手持劍向下收至胯側，劍尖斜向下；右劍指由上下落至面前。眼看右下方。

　　轉體、擺腳、收劍和落劍指要同時運行，上下協調。不要做成後坐翹腳，再轉體擺腳。

　　隨轉體均勻吸氣。

　【攻防用意】對方移至我右側，我轉體觀其動靜。

三十二式太極劍分解教學

二七、虛步掄劈
（右車輪劍）
（二）轉體掄劍

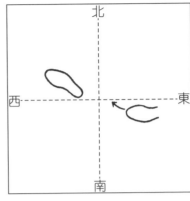

　　上體繼續右轉，右腳踏實，右腿屈膝前弓，左腳跟離地，成叉步。同時右手持劍向後反掄；左劍指落於右肩前，手心向下。眼看劍尖。

　　右手向後掄劍時，身體後轉幅度大，腰要擰，將劍尖掄向正後方（東）。向後掄劍時，活把握劍，劍尖貼近身體向後畫弧。劍尖不要觸地。劍在身後反手掄出，臂與劍成一條線。

　　隨轉體呼氣，劍掄到位呼氣止。設對方劍向我右腿刺來，我用劍向後掄化，使其劍落空。

二七、虛步掄劈
（右車輪劍）
（三）上步旋臂舉劍

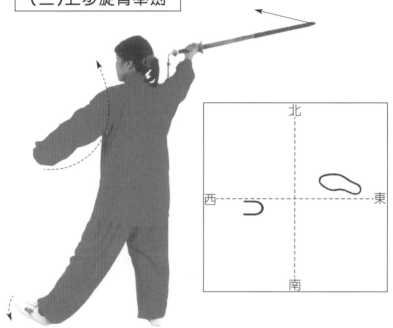

　　身體左轉，左腳向前上步，腳跟落地（腳尖稍外擺）。同時右手持劍臂外旋（由手心向南翻轉向北），上舉至頭側後方；左劍指落至腹前。眼看前方。

　　轉體旋臂協調一致，右臂外旋時左臂同時外旋。翻臂舉劍時，臂在原位翻轉上舉，注意劍尖不要擺動，保持劍尖朝東方向不變。

　　隨身體左轉均勻吸氣。

　　設對方劍落空後，向我左側轉移，我跟步近身準備攻擊。

三十二式太極劍分解教學

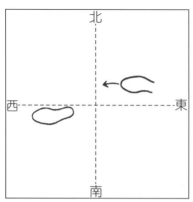

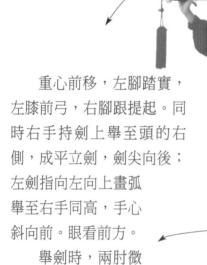

　　重心前移，左腳踏實，左膝前弓，右腳跟提起。同時右手持劍上舉至頭的右側，成平立劍，劍尖向後；左劍指向左向上畫弧舉至右手同高，手心斜向前。眼看前方。

　　舉劍時，兩肘微屈，兩肩放鬆。保持上體中正，防止前傾。

　　隨重心前移繼續均勻吸氣。

三十二式太極劍分解教學

　　【攻防用意】重心前移舉劍，準備劈擊。

二七、虛步掄劈

（右車輪劍）
（五）虛步劈劍

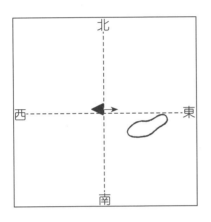

（方位圖）北　西　東　南

　　右腳上步，腳尖著地，成右虛步。同時右手持劍向前向下掄劈，劍尖與膝同高；左劍指落於右前臂內側。眼看前下方。

　　本式掄劍，從開始由前向下、向後、向上舉，再到劈劍，應是沿身體右側掄繞一個完整立圓。由上舉到劈劍，是順勢向前下劈。整個動作完整連貫，不可分割、停頓。下劈劍時，劍身與右臂保持一條直線，不能做成點劍。

　　上右步時呼氣，定式時呼氣止。

　　【攻防用意】向對方頭部或肩、臂劈擊。

三十二式太極劍分解教學

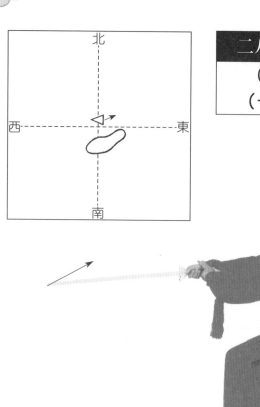

　　上體微右轉，右腳提起至左小腿內側。同時右臂外旋，手心斜向上；左劍指附於右腕部。眼看劍尖。

　　右手旋臂時，肘微屈下沉。上體中正，鬆胯斂臀。

　　隨右轉體均勻吸氣。

　　【攻防用意】以靜制動。

二八、撤步反擊

（大鵬展翅）
（二）右後撤步

右腳向右後方撤一步，自然蹬直，成左弓步。

向後撤步的方向，是東偏北約30°。撤步時，穩住身體重心，身體下沉撤步，防止上體前傾。

隨撤步繼續吸氣，落步吸氣止。

設對方劍向我右膝刺來，我撤步避開其劍。或對方在我右後側，我撤步近身準備向對方攻擊。

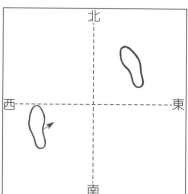

二八、撤步反擊

（大鵬展翅）
（三）轉體弓步擊劍

　　重心右移，上體右轉，左腳跟外展，左腿自然蹬直，成右側弓步（橫襠步）。同時右手持劍向右後上方反擊，力在劍刃前端，劍尖斜向上，高與頭平；左劍指向左下方分開，高與腰平，手心向下。眼看劍尖。

　　擊劍是用劍的前端向左（右）敲擊，力注劍端，向左為正擊，向右為反擊。做本式反擊劍時，要在向右轉體的帶動下，將劍向右上方擊打，右臂、肘、腕先屈後伸，使力達劍前端。轉體擊劍，要以腰帶臂，連同劍指下分，同時完成。

　　隨重心右移呼氣，定式時呼氣止。

　　【攻防用意】我用劍向對方頭部反擊。

二九、進步平刺

（黃蜂入洞）
（一）提腳橫劍

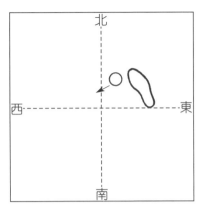

上體先微向左轉，再向右轉，左腳提起收於右小腿內側。同時右手持劍先向左擺，再翻掌向右領帶，將劍橫置於右胸前，劍尖向左；左劍指上繞經面前落在右肩前，手心向下。眼看右前方。

以腰帶臂，以臂領劍，劍走平弧。提腳、橫劍與劍指繞轉，協調一致，同時完成。重心移動，在先微左轉體時重心隨之左移，再向右轉體時，重心隨之再右移。橫劍時，劍要持平，防止聳肩抬肘。隨動作轉換均勻吸氣。

設對方劍向我左腿刺來，我收腳避開其劍，同時將劍翻轉使劍尖指向對方。

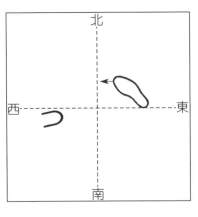

身體左轉，左腳向前上步，腳跟落地，腳尖外撇。同時右手持劍向下收捲於腰側；左劍指隨之翻轉下落於腹左側，手心向下。眼看前方。

劍捲下落時，右臂外旋，手心轉向上，劍尖向正前方。左腳上步不要搶步，右腿屈膝站穩，左腳跟落地時，重心仍在後腿。

隨左轉體繼續吸氣，上左步腳跟落地時，吸氣止。

【攻防用意】 上步進身，劍收至腰側準備向對方刺擊。

二九、進步平刺

（黃蜂入洞）
（三）弓步平刺

北

西 ---- 東

南

　　重心前移，右腿隨之上步屈膝，成右弓步。同時右手
持劍向前刺出，高與胸平，手心向上；左劍指順左肋反
插，向後再向上繞至頭側上方。眼看劍尖。

　　刺劍時轉腰順肩，上體正直，劍與右臂成直線。刺
劍、弓腿和劍指動作要協調一致，同時完成。刺劍前手平
腰高，刺劍後手平肩高，刺劍過程防止用手心托向前，要
用意識引導，力注劍尖向前直刺。

　　隨重心前移呼氣，定式時吁氣止。

【攻防用意】上步進身，向對方胸部刺擊。

三十二式太極劍分解教學

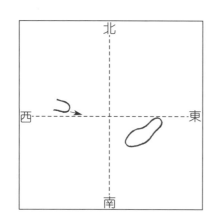

北
西 東
南

（懷中抱月）
（一）重心後移旋劍

重心後移，右腳尖翹起。同時右臂外旋，下劍刃斜向上。眼看前方。

隨重心後移身體後坐，與旋劍同時運行。右手持劍旋臂時，劍略向前伸、上提，不要在原位旋臂、旋劍。

隨重心後移均勻吸氣。

設對方用劍刺向我腕部，我旋臂用劍將對方劍上挑。

三十、丁步回抽

（懷中抱月）

（二）丁步回抽

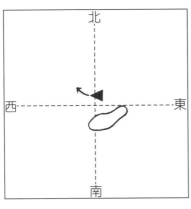

　　右腳撤至左腳內側，腳尖點地，成右丁步。同時右手持劍屈肘回收置於左腹旁，手心向上，劍身側立，劍尖斜向上，與頭同高；左劍指落於劍柄上。眼看劍尖。

　　抽劍時，劍走弧線。丁步時，重心完全落在左腿，膝微屈，上體中正，斂臀。劍抽回，劍在左側，臂拉圓，肘下垂，腋下含空，防止兩肘相貼。

　　隨抽劍呼氣，定式時呼氣止。

　　設劍上挑時，兩劍相持，我順勁向左抽帶，化開對方劍。

三十二式太極劍分解教學

149

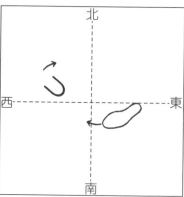

右腳向前擺步，上體微右轉（胸向正西）。同時右手翻掌向下，劍身橫置於胸前；左劍指附於右腕部，手心向下。眼看劍尖。

上體轉向西擺步時，右腳尖外撇用腳跟外側在前方先落地。劍身橫置時將劍尖先向右向上向左畫弧，再橫落稍向右帶，右手位於右胸。擺步與橫劍要同時到位。

隨右腳向前擺步均勻吸氣。

設對方劍向我右臂刺來，我腕花翻劍將對方劍壓向左方。

三一、旋轉平抹

（風掃梅花）
（二）扣步轉體抹劍

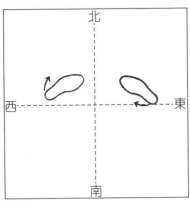

上體繼續右轉，左腳向右腳前扣步，即左腳尖內扣向右前方落步，腳掌先落地，腳尖朝北。同時右手持劍隨轉體由左向右平抹；左劍指仍附於右腕部。眼看劍身。

抹劍是以劍柄領先，使劍身橫平由一側向另一側平抹，力點沿劍刃滑行。做本式旋轉抹劍時，劍身置於胸前，身體右轉帶動劍向右平抹。抹劍時，沉肩垂肘，兩肘微屈，不要兩臂伸直。

隨右轉體繼續均勻吸氣。

【攻防用意】轉體扣步，用平劍向對方胸部抹割。

三十二式太極劍分解教學

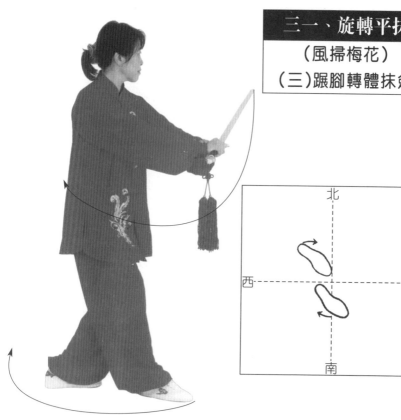

三一、旋轉平抹

（風掃梅花）

（三）蹍腳轉體抹劍

　　兩腳為軸蹍轉，上體向右向後旋轉約180°。同時右手持劍順勢向右平抹；左劍指仍附於右腕部。眼看劍身。

　　以兩腳掌為軸轉體平抹時，先以左腳掌蹍轉到位，再以右腳掌蹍轉。旋轉平抹，重心要穩。方法是：上體保持正直，不可仰體彎腰；兩腿虛實分明，即隨兩腳先後蹍轉的變化，重心逐漸由右腿移向左腿。

　　隨轉體繼續吸氣，兩腳蹍轉到位時，吸氣止。

　　【攻防用意】我繼續轉體旋向對方胸部抹割。

三一、旋轉平抹

（風掃梅花）
（四）撤步分劍

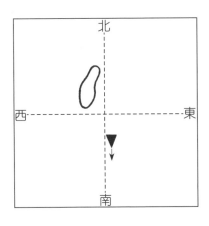

　　身體繼續右轉，右腳隨轉體向後撤
步，重心後移，左腳尖點地，成左虛
步。同時兩手分開置於胯旁，手心均向
下，劍身斜置於身體右側。眼看前方。

　　撤步要借身體旋轉之勢，將右腳後撤。分劍隨重心後
移，兩手分開。掌握好、腳擺扣步的位置，擺步和扣步的腳
都應落在中線附近，步幅不超過肩寬。扣步時，不可掃腿遠
落，也不要跨越中線過多，致使收勢回不到原位。在重心後
移成左虛步時，左腳尖稍向右移點地，面向起勢方向。

　　撤步時呼氣，定式時呼氣止。

　　設對方劍向我右膝刺來，我腿後撤避開其劍，同時用
劍將對方劍向右側分割開。

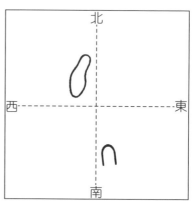

三十二式太極劍分解教學

　　左腳提起向前落步，腳跟著地。兩臂外旋，稍向上提至腰間，劍身平，劍尖仍向前。

　　左腳提起微收後再向前墊步。落步時，重心仍在右腿。

　　隨左腳向前落步均勻吸氣。

　　【攻防用意】向對方進步，準備攻擊。

三二、弓步直刺

（指南針）
（二）弓步直刺

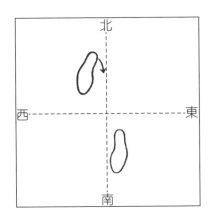

　　重心前移，左膝前弓，右腿蹬直，成左弓步。同時右手持劍立劍向前直刺，手心向左，劍尖向前，與胸同高；左手劍指向前附於右腕內側，手心向下。眼看前方。

　　兩手屈肘相合於胸前後，再向前直刺。弓步與刺劍要同時。劍刺不要過遠，保持沉肩垂肘，小臂與劍身成一條直線，上臂稍有斜度。

　　隨重心前移呼氣，定式時呼氣止。

　　【攻防用意】向對方胸部直刺。

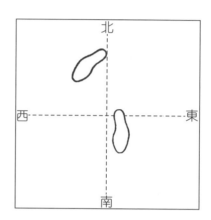

北

西 ————————————— 東

南

重心後移，上體右轉。右腳跟微內收，同時右手持劍屈臂後引收於右側，手心向內；左劍指隨右手屈臂回收、變掌附於劍柄，準備接劍。眼看劍柄。

左劍指回收時，劍指由斜向前向上再向後，並逐步變掌，兩掌心相對。移重心、右轉體和收劍要同時。轉體收劍時，左腳不可移動，更不要內扣。

隨重心後移均勻吸氣。

設對方劍向我胸部刺來，我劍貼其劍向右帶化。

收　勢
(二)接劍前舉

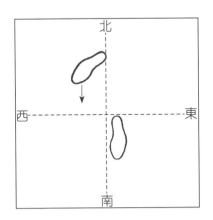

北

西 ---- 東

南

左手接劍，右手鬆開變劍指，左手持劍向前上方舉起，手平頭高，劍尖斜向下。同時右劍指向下向後畫弧平腰高。眼看劍柄。

前舉劍時，同時將重心微左移，上體微左轉。舉劍不要直線到位，稍帶弧線向上、向前，兩手分開一上一下，協調一致。

隨接劍繼續吸氣，劍舉到位吸氣止。

設對方劍向我左臂劈來，我用劍身攔架其劍。

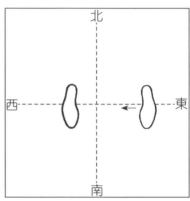

　　身體左轉，重心前移，右腳向前跟步，與左腳平行，成開立步。同時左手持劍經體前收落於身體左側；右劍指向後向上經右耳側再向前向下落於身體右側。眼看前方。

　　左手持劍畫弧下落與重心前移要協調一致。右劍指畫弧下落與右腳跟步要同時。收腳時注意落步位置，與肩同寬，腳尖朝正前方，防止出現八字步。

　　隨重心前移均勻吸氣。

　　設對方劍向我左肋刺來，我用劍後身將其劍向下、向後攔壓。

收　勢
(四)併步還原

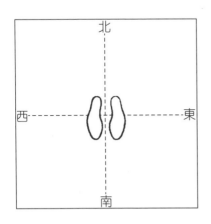

左腳向右腳併攏，還原成預備姿勢。

動作要點同預備勢。收步後不要立即走動，再作一次深呼吸。隨同深呼吸稍作調息，然後再走動放鬆。

國家圖書館出版品預行編目資料

三十二式太極劍分解教學 ／ 張自山 編寫
——初版，——臺北市，大展，2013〔民102.12〕
面；21公分 ——（輕鬆學武術；13）
ISBN　978－957－468－988－0（平裝；附數位影音光碟）
1. 劍術
528.974　　　　　　　　　　　　　　　　102020540

三十二式太極劍分解教學 附 DVD

編　　寫／熊人澤　　張薇薇
責任編輯／邵　梅　陳　軍
發 行 人／蔡森明
出 版 者／大展出版社有限公司
社　　址／台北市北投區（石牌）致遠一路2段12巷1號
電　　話／（02）28236031・28236033・28233123
傳　　眞／（02）28272069
郵政劃撥／01669551
網　　址／www.dah-jaan.com.tw
E - mail ／ service@dah-jaan.com.tw
登 記 證／局版臺業字第2171號
承 印 者／傳興印刷有限公司
裝　　訂／承安裝訂有限公司
排 版 者／弘益電腦排版有限公司
授 權 者／安徽科學技術出版社
初版1刷／2013年（民102年）12月

定　價／280元

大展好書　好書大展
品嘗好書　冠群可期